AS 100 MENSAGENS MAIS IMPORTANTES DE JESUS

Dados Internacionais de Catalogação na Publicação (CIP)
(Câmara Brasileira do Livro, SP, Brasil)

Alt, Franz
 As 100 mensagens mais importantes de Jesus : uma obra essencial para redescobrir o verdadeiro significado das palavras do Cristo e trazer mais luz à sua vida / Franz Alt ; tradução Karina Jannini. – São Paulo : Editora Pensamento, 2018.

Título original: Die 100 wichtigsten worte Jesu
Bibliografia.
ISBN 978-85-315-2044-0

1. Cristianismo 2. Espiritualidade Jesus Cristo 3. Jesus Cristo – Biografia 4. Jesus Cristo – Ensinamentos 5. Jesus Cristo - Milagres 6. Jesus Cristo – Pessoa e missão 7. Mensagens I. Jannini, Karina. II. Título.

18-20119   CDD-232.901

Índices para catálogo sistemático:
1. Jesus Cristo : Mensagens : Cristologia 232.901
Iolanda Rodrigues Biode – Bibliotecária – CRB-8/10014

Franz Alt

AS 100 MENSAGENS MAIS IMPORTANTES DE JESUS

Uma Obra Essencial para Redescobrir o Verdadeiro Significado das Palavras do Cristo e Trazer Mais Luz à sua Vida

Tradução
Karina Jannini

Editora
Pensamento
SÃO PAULO

Título do original: *Die 100 Wichtigsten Worte Jesu.*
Copyright © 2016 Güntersloher Verlagshauss. Uma divisão da Verlagsgrupper Random House GmbH, Munique, Alemanha. www.randomhouse.de.
Esta edição foi publicada mediante acordo com a Ute Körner Literary Agent, S.L.U. Barcelona – www.ukliatag.com.
Copyright da edição brasileira © 2018 Editora Pensamento-Cultrix Ltda.
Texto de acordo com as novas regras ortográficas da língua portuguesa.
1ª edição 2018.
Todos os direitos reservados. Nenhuma parte deste livro pode ser reproduzida ou usada de qualquer forma ou por qualquer meio, eletrônico ou mecânico, inclusive fotocópias, gravações ou sistema de armazenamento em banco de dados, sem permissão por escrito, exceto nos casos de trechos curtos citados em resenhas críticas ou artigos de revista.

A Editora Pensamento não se responsabiliza por eventuais mudanças ocorridas nos endereços convencionais ou eletrônicos citados neste livro.

Editor: Adilson Silva Ramachandra
Editora de texto: Denise de Carvalho Rocha
Gerente editorial: Roseli de S. Ferraz
Preparação de texto: Alessandra Miranda de Sá
Produção editorial: Indiara Faria Kayo
Editoração eletrônica: Mauricio Pareja da Silva
Revisão: Claudete Agua de Melo

Direitos de tradução para o Brasil adquiridos com exclusividade pela
EDITORA PENSAMENTO-CULTRIX LTDA., que se reserva a propriedade literária desta tradução.
Rua Dr. Mário Vicente, 368 – 04270-000 – São Paulo – SP
Fone: (11) 2066-9000 – Fax: (11) 2066-9008
http://www.editorapensamento.com.br
E-mail: atendimento@editorapensamento.com.br
Foi feito o depósito legal.

Para Günther Schwarz e o papa Francisco em sua luta pela verdade e pela liberdade.

Sumário

Introdução	13
Palavras erradas, mensagem errada	13
O Jesus "aramaico"	19
O que Jesus realmente disse	27
Confiança em vez de medo	31
Quem realmente foi Jesus?	33
1. O que Jesus disse sobre si mesmo?	33
2. Jesus – enviado de Deus	37
3. "Existi antes de Abraão"	39
4. Conduzirei todos à luz	40
5. A missão de Jesus	43
6. Para onde vamos? De onde viemos?	46
7. Governar com o Sermão da Montanha?	49
8. O que quer Jesus?	54
9. O sol do Pai brilha para todos	57
10. Jesus e os animais	62
11. Sentimentalismo pelos animais não significa amor pelos animais	64

7

12. Os pais são os substitutos de Deus	66
13. Vivei despreocupadamente!	68
14. O Reino de Deus já existe!	71
15. Dos velhos para os novos tempos	75
16. O bem vence o mal	78
17. Existe o demônio?	80
18. O fundamento espiritual da nossa vida	82
19. Todos ficaram espantados	85
20. O Pai-Nosso aramaico de Jesus	87
21. Jesus não se vê como Deus	88
22. Deus é espírito	89
23. Seria o Sermão da Montanha uma falsificação?	92
24. Pedir com persistência, buscar com persistência, bater com persistência	94
25. Sem discriminar as mulheres	96
26. Homem, és como um campo fértil	97
27. Discussões em vez de harmonia	100
28. Deveriam os cristãos comprar espadas?	103
29. Agir em vez de falar	105
30. O exame de maturidade	107
31. O exame de maturidade não é fácil	109
32. Trata-se de tudo	110
33. Jesus e o suposto assassino	112
34. Jesus e os anjos	114
35. Amigos em vez de dinheiro	118
36. Sereis como anjos	122
37. Jesus se confessa a nós — por meio dos anjos	123
38. A ressurreição dos mortos	127

39. Satanás é o inventor da mentira 130
40. Jesus viu a queda de Satanás 132
41. Em Jesus vive uma imagem dinâmica de Deus 134
42. Jesus e a sexualidade 138
43. Jesus e as mulheres 145
44. Jesus e os molestadores de crianças 150
45. Tudo vem à luz! 152
46. Feliz daquele! – Infeliz daquele! 154
47. Tentações virão 156
48. Os homens não conseguem perdoar os pecados 158
49. Jesus exorta à modéstia 160
50. Indignai-vos! 162
51. Cabe a vós decidir: Deus ou o dinheiro? 166
52. Não sejais hipócritas 170
53. Tesouros na terra ou tesouros no céu? 172
54. O capital destrói a economia 174
55. Engajai-vos! 177
56. Sede prudentes! Sede sinceros! 180
57. Crede em Deus! 182
58. Jesus e seu Pai maternal 184
59. O bom pastor e a ovelha desgarrada 187
60. Renascimento como condição para entrar no
     Reino de Deus 189
61. Jesus e o renascimento 191
62. Jesus: faço novas todas as coisas 194
63. Orai em segredo! 197
64. Sem confiança não há salvação 198
65. Autoridade, e não onipotência de Jesus 200

9

66. Jesus e a verdade	202
67. Jesus e a consciência	204
68. Jesus não queria ser político	206
69. "Sou como uma fonte que jorra"	208
70. O Jesus ecológico e o século XXI	211
71. Misericórdia é o novo nome de Deus	214
72. Jesus e os pecadores	217
73. A revolução de Jesus pela pureza	219
74. Protegei-vos dos devotos!	221
75. O que é e o que não é importante?	224
76. Quando finalmente reinará a paz?	226
77. Conhece a ti mesmo	228
78. Encorajar em vez de desencorajar	230
79. Nunca desista!	231
80. A Boa-Nova para todos: sobre a ação eficaz	233
81. Controlar o que se diz ou permitir que as palavras jorrem descontroladamente?	235
82. Quem pode acrescentar um único ossículo?	236
83. Sábios escondidos – iletrados revelados	237
84. Jesus era ciente, mas não onisciente	239
85. Quem exalta a si mesmo será exaltado	241
86. Sobre o trigo e a erva daninha	243
87. Jesus como resgate	245
88. Encontrar a paz em Jesus	246
89. O estreito caminho para o Reino de Deus	248
90. Pedro da pedra ou Jesus da pedra?	250
91. O papado se baseia em uma falsificação	253
92. Aos intelectuais falta confiança	255

93. Jesus promete a seus amigos o espírito de Deus 257
94. O homem é um ser espiritual 259
95. Judas não traiu Jesus: o beijo de amizade 260
96. Transfigurado, e não fisicamente ressuscitado 263
97. Contra falsificações perversas 265
98. A confiança anima! 266
99. Jesus sobreviveu à crucificação 268
100. A comovente oração de despedida de Jesus 271

Conclusão 273
Bibliografia 275
Abreviaturas 277

Introdução

Palavras erradas, mensagem errada

"A maior parte daquilo em que a cristandade acredita não foi ensinada por Jesus, e a maior parte daquilo que Jesus ensinou, a cristandade não conhece." Esse é o resultado assustador de cinquenta anos de pesquisa sobre Jesus, realizada por Günther Schwarz. Como esse teólogo chegou a esse veredicto arrasador?

Jesus falava aramaico. No entanto, toda a sua mensagem nos foi transmitida há dois mil anos em grego e traduzida para centenas de idiomas. Na época, a diferença entre o aramaico, língua materna de Jesus, e o grego era tão grande quanto hoje entre o árabe e o alemão. Acrescente-se a isso o fato de que somente muitas décadas após Jesus é que se escreveu o que ele ensinou verbalmente. E justamente em outro idioma.

Por que ainda hoje, no mundo inteiro, os estudantes cristãos de teologia tomam o latim, o grego e o hebraico como pressupostos para seus estudos, e não o aramaico? As três línguas antigas da Igreja em nada contribuem para compreender Jesus em sua língua materna. Do que as igrejas cristãs têm medo? Da verdade contida na língua materna de Jesus? Segundo Günther Schwarz, na retroversão, o próprio Jesus diz no Evangelho de São João:

"Se permanecerdes na minha palavra, sereis verdadeiramente meus discípulos e conhecereis a verdade, e a verdade vos libertará."

(Jo 8,31 e 32, segundo a retroversão para o aramaico por Günther Schwarz. A partir de agora, a retroversão será indicada pela abreviatura RV.)

Porém, como é possível permanecer nas palavras de Jesus se elas foram em parte traduzidas de modo errôneo e as igrejas insistem em suas traduções dogmáticas?

Sei do que estou falando, pois, para poder estudar teologia, também tive de me dedicar ao latim, ao grego e ao hebraico. Desse modo, por várias décadas não consegui encontrar explicações para muitas contradições, falsificações e muitos erros de tradução no Novo Testamento. Tampouco o consegui entre 1983 e 2000, quando trabalhei em meus quatro livros sobre Jesus, publicados em uma edição de 2 milhões de exemplares. Portanto, não é de admirar que muitos teólogos proclamam o contrário do que Jesus ensinou. Se as palavras não estão corretas, toda a mensagem é errônea. Por conseguinte, eu também tenho algo a reparar.

Todos os cristãos conhecem Jesus a partir do texto original em grego comumente adotado. A força do hábito é a pior inimiga da verdade: isso vale, sobretudo, para hábitos milenares nas religiões.

Da extraordinária eloquência de Jesus e de sua mensagem única, que ele sempre apresentou em forma de versos, vale notar, *poeticamente*, que pouco restou nas atuais traduções do Novo Testamento. O evangelista Mateus encerra o famoso Sermão da Montanha de Jesus com a observação: "As multidões ficaram extasiadas com o seu ensinamento". Por que hoje dificilmente alguém fica "fora de si" ao ler os textos de Jesus na versão grega? Se ainda houver igrejas cristãs no futuro, elas não deveriam continuar a agir como se o Jesus que falava aramaico nunca tivesse existido.

Somente depois de 2010 conheci as palavras de Jesus nas traduções de Günther Schwarz a partir do aramaico e, assim, passei a compreendê-lo melhor. Fiquei cada vez mais fascinado e não conseguia deixar de me admirar. O resultado do trabalho ao qual Günther Schwarz dedicou toda a sua vida é surpreendente, por vezes desconcertante, mas inovador como os afrescos de Michelangelo na Capela Sistina após sua restauração.

Até hoje, a maioria dos professores cristãos de teologia não conhece a língua aramaica e não a ensina a seus alunos. Os líderes eclesiásticos tampouco querem mudar essa situação, embora ela constitua uma das causas essenciais da atual crise das igrejas. Enquanto os príncipes da Igreja considerarem o Novo Testamento grego infalível, nada mudará nos templos cada vez mais vazios. No entanto, do ponto de vista científico, é incontestável que a língua materna de Jesus era o aramaico.

Para mim, a seguinte pergunta se tornou cada vez mais premente: quão idêntico é o que lemos nas traduções tradicionais do Novo Testamento com o que Jesus realmente disse, pensou, sentiu, acreditou, quis e ensinou? Depois do meu livro *Was Jesus wirklich gesagt hat*,

Eine Auferweckung [O Que Jesus Realmente Disse. Uma ressurreição], publicado em 2015 e baseado no Jesus "aramaico" de Günther Schwarz, muitos me pediram para resumir as palavras mais importantes de Jesus, utilizando a retroversão de Schwarz para o aramaico e, em seguida, a nova tradução para o alemão.

Como teólogo que estuda Jesus com fervor, Günther Schwarz observa: "Jesus era judeu. Viveu em ambiente judaico e em um mundo intelectual marcado pelo Antigo Testamento. Os gregos viveram em um mundo intelectual completamente diferente. Portanto, a tradução das palavras, das parábolas e dos atos de Jesus para o grego foi não apenas uma transposição para outro idioma, mas também para outro mundo intelectual". Eis por que hoje muito do que nos é transmitido dele nos parece incompreensível.

No mundo inteiro existem cerca de 20 mil livros sobre Jesus – mais do que sobre qualquer outra pessoa. Todos os anos se acrescentam a eles alguns outros milhares. Porém, em nenhuma obra os autores se esforçam para deixar que Jesus se expresse em sua versão original em aramaico, tornando-o acessível a nós. Isso é trágico e encerra muitas consequências.

O conhecimento desse fato não deu paz a Günther Schwarz. Em cerca de vinte livros e em mais de cem ensaios científicos, ele traduziu as principais palavras de Jesus partindo dos mais antigos textos-fonte em sírio antigo para o aramaico e depois para o alemão, encontrou um Jesus mais convincente e enviou suas constatações a todos os bispos de língua alemã de ambas as confissões. A reação foi nula.

Como jornalista e estudioso de Jesus, isso me deixa indignado. Eis também a razão para este livro sucinto sobre o Jesus "aramaico". Eu gostaria de fazer uma nova tentativa para revelar a *Boa Mensagem* original de Jesus que há por trás da mensagem de *ameaça* divulgada até o momento.

Ao fazer isso, obviamente não há como evitar as repetições. Também escrevo este livro sem a pretensão de ser infalível, mas com o firme propósito de compreender melhor Jesus. A situação dos refugiados mostra o quanto atual é esse Jesus nos dias de hoje. Neste momento, 60 milhões de pessoas estão em fuga. A mensagem atemporal desse refugiado de Belém pode ser resumida da seguinte forma em seu Sermão da Montanha: "Bem-aventurados são aqueles que não deixam os refugiados morrer afogados". Como filha de pastor, Angela* entendeu alguma coisa dessa mensagem da humanidade. É a visionária das fronteiras abertas e personifica a honra da Europa em meio à crise de refugiados. Além disso, compreendeu que as sociedades abertas são economicamente mais bem-sucedidas do que as fechadas. Esse imperativo humanista de Merkel demonstra uma política internacional de alto nível, uma responsabilidade moral e uma qualidade humana. Esta é a Alemanha da luz. Na Alemanha da escuridão, apenas nos anos de 2015 e 2016 houve mais de mil ataques a abrigos de refugiados.

No passado, milhões de pessoas fugiram da Europa. Agora ela se torna um continente de acolhimento. Se a parte pobre do mundo recebe muitas crianças, mas tem pouco emprego, e a parte do mundo que possui 75% da riqueza recebe poucas crianças e tem muitos empregos, então automaticamente o mundo se torna multicultural, multiétnico e multirreligioso. A experiência acumulada de Dorothee

---

* Referência a Angela Merkel, cujo pai estudou teologia e foi pastor. [N. da T.]

Sölle* pode ser resumida da seguinte forma: "A reflexão teológica sem consequências políticas equipara-se à hipocrisia".

Neste momento, os europeus precisam encontrar uma resposta para a pergunta decisiva: os africanos têm menos direitos que os europeus? Pelo menos do ponto de vista teórico, a resposta não é tão difícil. Mas e na prática?

A soma do que Jesus ensinou traduz-se por: Deus para o mundo, Deus para os homens, Deus para toda vida. O céu para a Terra. Mas isso significa que toda teologia também é política.

---

* Dorothee Steffensky-Sölle (1929-2003): teóloga alemã da teologia da libertação. [N. da T.]

O Jesus "aramaico"

Sobre seu Jesus "aramaico", Günther Schwarz declara: "O que Yeshu (Jesus) expôs em aramaico em seu ambiente seria traduzido logo em seguida para o grego, a fim de ser compreendido apenas por falantes dessa língua. Entretanto, involuntariamente, os tradutores deixaram escapar [...] numerosos erros, pois não tinham conhecimentos suficientes nem do aramaico nem do grego ou só compreendiam as duas línguas superficialmente. Todos esses erros (*a posteriori* multiplicados por outros de transcrição, equívocos, acréscimos, omissões, interpretações errôneas, reinterpretações voluntárias e alterações dogmáticas) foram parar no texto do Novo Testamento. Porém, se chegaram a ele, também devem ter chegado à doutrina das igrejas, desenvolvidas ao longo do tempo por teólogos eclesiásticos com base nas declarações de Jesus (e do restante do Novo Testamento), transmitidas apenas em grego. Nesse caso, vale uma regra simples: os textos e suas interpretações são como fórmulas matemáticas e seus resultados. Se os últimos estiverem corretos, então os primeiros também podem estar; se estiverem errados, os primeiros também estarão".

O que se sabe ao certo do ponto de vista histórico é que Jesus, como todos os profetas antigos, falou em versos e de maneira poética, para que suas palavras se tornassem mais marcantes, seus apóstolos as memorizassem com mais rapidez e conseguissem reproduzi-las oralmente com mais facilidade. Por essa razão, Günther Schwarz, nossa principal testemunha do aramaico, retroverteu todas as citações de Jesus para versos nessa língua.

Entre outras coisas, o pesquisador faz uma distinção entre dísticos duplos, tercetos duplos e quartas duplas, bem como entre diferentes ritmos, como o dímetro, o trímetro, o tetrâmetro e o pentâmetro, e finalmente entre textos com ritmos mistos, dependendo do círculo de ouvintes a que Jesus se dirigia. Um trabalho de Sísifo. Poder reconhecer o ritmo das palavras de Jesus não é absolutamente algo secundário. Poder determiná-lo com precisão é, antes, o pré-requisito para reconstruir seu texto original e, desse modo, recuperar sua propriedade intelectual. E Günther Schwarz conseguiu fazer isso. Por essa razão, podemos ter certeza de que, mediante seu trabalho pioneiro (sem pretensão de infalibilidade!), ouvimos e lemos as palavras de Jesus sem alusões errôneas nem acréscimos.

De todo modo, por ocasião de meu primeiro livro sobre o Jesus "aramaico", centenas de leigos e teólogos me escreveram dizendo que esse Jesus era para eles uma "libertação", mas também um "grande auxílio". Um padre católico reagiu da seguinte maneira: "Até este momento, fui 50% ateu. Agora posso voltar a ter fé. Esse Jesus é novo para mim". Uma mulher de 78 anos escreveu: "Esperei a vida inteira por este livro". E uma leitora de meia-idade opinou: "Esse Jesus aramaico é uma bênção para o nosso tempo". Um homem com uma família grande manifestou: "Toda a minha família ficou muito comovida com o Jesus aramaico". Um colega da Rádio Vaticano me disse: "Se mais pessoas falassem de maneira tão convincente sobre Jesus, o conhecimento que se tem dele seria maior". Referindo-se às palavras de Jesus "o Sol de nosso Pai que está no céu brilha para todos", um defensor da energia solar me relatou: "Seu livro *O Que Jesus Realmente Disse* é revolucionário". E, por fim, um leitor da Baviera escreveu: "Essas retroversões são um bálsamo para minha alma. Tenho fé de que, nos próximos anos, a Bíblia será reescrita de maneira que, no futuro, as palavras de Jesus correspondam à verdade". No Facebook, leio: "De repente, deparamos com o Jesus aramaico original, e isso nos abre o Céu". E: "Esse livro lança para nós, teólogos de espírito aberto, linguistas, filósofos e especialistas de áreas semelhantes, questões muito interessantes". Muitos leitores manifestaram a seguinte opinião: "Com esse Jesus, a era do medo chegou ao fim". E, por fim: "Extremamente atual. Moderno. E espiritual. Um livro para toda a vida". Um pastor me disse que deu 24 exemplares de presente.

Quando aprendemos a confiar no Jesus "aramaico", descobrimos o grande tesouro e a melhor proteção do planeta. Ele nos ensina que toda a felicidade do mundo surge do desejo de fazer outras pessoas felizes.

O problema da tradução é o maior desafio no Novo Testamento. Mas como o pesquisador Günther Schwarz o resolveu? Como conseguiu, em um trabalho meticuloso e diário, que durou quase a vida inteira, fazer a retroversão para o aramaico, a língua materna de Jesus?

A resposta se encontra na já mencionada forma poética em que Jesus se expressava. Sem dúvida, os tradutores clássicos não reconheceram esse fato. Em quase todas as traduções, a poesia de Jesus foi destruída. Segundo Schwarz: "Jesus queria que seus discípulos decorassem todas as partes poéticas de sua pregação e de sua doutrina para o tempo após sua morte, ou seja, para que eles próprios pregassem e transmitissem essa doutrina... Se Jesus *não* tivesse formulado suas palavras de maneira poética *nem* tivesse obrigado seus discípulos a decorá-las, sua ação não faria sentido".

Alguns críticos do livro *O Que Jesus Realmente Disse* ignoraram por completo esse aspecto. Talvez eu também não o tenha exposto de maneira suficientemente clara. Por isso, repito: Günther Schwarz só conseguiu retroverter Jesus de maneira autêntica para o aramaico porque compreendeu e considerou com seriedade seu caráter poético, ou seja, seus versos.

Também levei mais de dois anos para entender esse aspecto central e fundamental da retroversão. Durante a vida inteira, apenas o conteúdo das palavras de Jesus me interessou; sua forma me era indiferente. No entanto, a retroversão poética é o verdadeiro e autêntico trabalho da vida de Günther Schwarz. Apenas com ele é possível entender o Jesus original.

Até hoje, os Salmos do Antigo Testamento também são rezados por judeus e cristãos e cantados por monges em forma de versos. Assim como os monges consideram sua confiabilidade filológica e exegética, Günther Schwarz faz o mesmo em suas retroversões precisas e meticulosas. Esse método será detalhado mais adiante.

Günther Schwarz conclui suas retroversões com as seguintes palavras: "Como o texto transmitido dos Evangelhos, exceto por algumas exceções, é comprovadamente uma aglomeração de traduções erradas, que já foram vertidas com erros do aramaico para o grego, as doutrinas da Igreja só poderiam ser erradas. Inevitavelmente".

Em parte, as palavras de Jesus foram alteradas para o exato contrário daquilo que ele disse ou pensou.

Um primeiro exemplo deixa claro o que traduções erradas podem fazer: bilhões de cristãos ainda rezam o Pai-Nosso repetindo da seguinte maneira o famoso pedido que Jesus fez a seu Pai: "[...] e não nos deixeis cair em tentação [...]". Esse suposto pedido engana os teólogos ocidentais há dois mil anos. Uma única frase, e o mundo inteiro se altera devido a uma tradução errada ou correta. Para Jesus, o tentador é sempre e fundamentalmente o diabo. É ele quem quer nos "conduzir em tentação", não Deus, que Jesus nos apresenta como sendo idêntico ao amor: "Deus é amor" e "Deus é espírito", explica-nos o Nazareno. Ele ora o "Pai-Nosso", e não o "pai-diabo" ou o "diabo-nosso".

O Deus de Jesus não é nenhum cínico nem sádico, muito menos um controlador fanático, que vigia as criancinhas debaixo das cobertas, como me fora ensinado em minhas aulas de religião. O "Abba" de Jesus não é vingativo nem assassino. Um pai amoroso não pune nem condena. E nunca conduz seus filhos em tentação — em vez de colocá-los em situações difíceis, ele os ajuda nas dificuldades.

Em 1888, em seu livro *O Anticristo*, Friedrich Nietzsche escreveu a grandiosa frase: "Não se acha, em toda a psicologia do 'evangelho', o conceito de culpa e castigo". Desse modo, o suposto ateu teria entendido mais do Evangelho do que gerações de teólogos e dignitários eclesiásticos. Nessa única frase encontra-se toda a "Boa Mensagem" do Nazareno: Alegrai-vos. Culpa, medo e castigo são constructos teológicos para produzir uma distância assustadora entre o homem e Deus. Somos filhos Dele e por Ele seremos amados. O Deus de Jesus não é vingativo, nem punidor, nem colérico, nem onipotente; não é um Deus que condena.

Até hoje, na entrada do meu internato católico em Sasbach bei Achern, lê-se a assustadora frase do Antigo Testamento: "Initium sapientiae — Timor domini" (O início da sabedoria é o temor a Deus). "Temor a Deus" — para Jesus, trata-se de uma denominação imprópria. No entanto, para muitos teólogos cristãos, ainda hoje o "Timor domini" é a base de sua doutrina. Como se Jesus tivesse vivido e morrido para que vivêssemos com medo e temor.

Como porta-voz de Deus, Jesus sabe mais sobre Ele, seu pai, do que qualquer pessoa antes dele. Por isso, para todos nós, é importante o que o Nazareno nos legou sobre Deus em sua língua materna. Segundo Jesus, Deus é a luz, a força, a energia e o germe primordiais de todo ser vivo. Porém, acima de tudo, é o amor. O amor é a característica primordial a partir da qual derivam todas as outras características de Deus, como o calor deriva do fogo. Deus é quem torna tudo possível, enquanto Satanás é o mal, que tudo impede.

Em seu livro *O Nome de Deus é Misericórdia*, o papa Francisco opina que as características de Deus são a misericórdia e a afetuosidade, não a frieza e a indiferença. Não é a doutrina eclesiástica que tem de estar no centro da fé, e sim a misericórdia de Jesus.

Toda a mensagem de Jesus diz que o bem é possível! A confiança de Jesus no bem e no divino é a diferença fundamental em relação ao cinismo e ao ceticismo cotidianos de nosso tempo. Tão mais importante é saber, da maneira mais precisa possível, o que Jesus de fato ensinou. Assim, na retroversão para o aramaico, Jesus nunca disse que era Deus. Segundo a Epístola de São Paulo aos Colossenses (1,15), ele era "a imagem do Deus invisível, o primogênito de toda a criação". "Todas as cousas foram feitas por intermédio dele, e, sem ele, nada do que foi feito se fez" (Jo 1,3). Portanto, Jesus era filho de Deus, e não o próprio, como ensinam as igrejas. Desse modo, é nosso irmão, pois cada um de nós é "filho" ou "filha de Deus". Na discussão atual sobre os refugiados, isso significa que não existem estrangeiros; todos os homens neste planeta são irmãos, filhos de Deus.

Do ponto de vista político, Jesus é o porta-voz de Deus. Seria, então, a Bíblia a palavra de Deus? Ela é obra do homem; embora inspirada por Deus, por certo não é ditada por Ele. Por isso, todas as épocas têm de fazer um esforço para entender a Bíblia e Jesus de uma maneira nova.

O próprio Jesus não deixou nenhum documento escrito. Além disso, seus tradutores póstumos eram itinerantes ou também — somente muitas décadas após Jesus — teólogos com ideias próprias sobre um "Reino terreno de Deus", que Jesus sempre rejeitara. Acreditavam que tinham de corrigi-lo em muitas passagens e, do ponto de vista psicológico, impor sua própria visão. Quanta arrogância! Justamente dessas "correções" é que surgiram as falsificações.

Por essa razão, com o auxílio dos trabalhos preliminares de Günther Schwarz, tento libertar os tesouros do Evangelho da antiga ferrugem, usando cem palavras de Jesus e fazendo com que essas pérolas voltem a brilhar. Obviamente, trata-se de uma seleção subjetiva. E, é claro, que nem tudo o que nos foi transmitido até agora pelo Novo Testamento "grego" é falso. No entanto, após a leitura das constatações de Günther Schwarz, agora entendo Jesus melhor, e por isso sou muito grato.

Outro exemplo de terrível erro de tradução ou de falsificação consciente encontra-se no Evangelho de São Lucas: segundo a tradução ecumênica da Bíblia em língua alemã a partir do grego, em Lc 14,26, Jesus faz a seguinte asserção suspeita: "Se alguém vier a mim e não menosprezar seu pai e sua mãe, sua mulher, seus filhos, seus irmãos e suas irmãs, bem como a própria vida, não pode ser meu discípulo".

Qual seria o significado desse absurdo misantrópico, que contradiz toda experiência de vida prática e saudável? Alguém se surpreenderia se a maioria dos cristãos e não cristãos não visse nenhuma serventia nessa asserção, balançasse a cabeça e voltasse a cuidar da própria vida? Seria ruim se alguém levasse a sério essa bobagem atemorizante. Se Jesus de fato disse isso, estaria mais do que na hora de esquecê-lo. Porém, é exatamente o que está escrito em sua "Boa-Nova". O que fazer então? Observar melhor. Na retroversão, as palavras de Jesus são as seguintes:

"Se alguém vier a mim
e não colocar a si próprio em segundo plano,
não poderá ser meu discípulo".

Sobre o texto tradicional, traduzido a partir do grego, Günther Schwarz diz: "Ninguém pode retirar dessas palavras o que Jesus realmente disse e quis dizer. Porém, tão logo o texto é decomposto em linhas que formam uma unidade de sentido, a prolixidade não típica dele (pois proveniente de outrem) como que se destaca [...]. Asseguro que a escolha dos equivalentes aramaicos e de sua reprodução em alemão não foi nem um pouco incerta [...]. A formulação de Jesus era sucinta e clara. Esse julgamento se baseia em retroversões de grande parte de seu legado e em uma atenção especial em relação a como ele empregava o idioma. Acrescente-se ainda que esse método de retroverter do grego para o aramaico não se realiza em um vácuo. A tradução síria dos Evangelhos presta um competente auxílio. Afinal, é a primeira retroversão feita a partir do grego para o aramaico oriental, que ainda hoje é a língua dos cristãos sírios ortodoxos".

O que Jesus realmente disse

Por que o Novo Testamento é o livro mais vendido, porém o menos lido no mundo? Por que há dois mil anos as pessoas veneraram Jesus junto ao Lago de Genesaré — conforme escreve Mateus — e hoje ele tem tão pouco a nos dizer? Seria culpa dele ou nossa?

Segue um breve panorama do que você, caro leitor, verá neste livro:

Jesus não preconizou nenhum deus-juiz rigoroso, e sim um pai amoroso e até maternal ("Abba"). Sua mãe, obviamente, não era uma "virgem", e sim uma mulher jovem. O termo "virgem" no sentido biológico não existe no aramaico. Quando teólogos como o ex-papa Bento ou o "catecismo católico" explicam em livros, com toda a seriedade, que Maria teria sido biologicamente virgem — e isso "antes, durante e depois da concepção" —, acabam criando uma esquizofrenia da consciência que pode levar à psicose.

O mesmo acontece com a Cátedra de São Pedro. O papado não foi um desejo de Jesus, e sim uma falsificação posterior. A famosa ordem "tu és Pedro, e sobre esta pedra edificarei a minha igreja" — facilmente comprovável em aramaico — é uma frase do Céu dirigida a Jesus, e não uma frase de Jesus dirigida a Pedro, que foi o primeiro bispo de Roma e nunca se considerou "papa". Jesus não se designou como Deus, e sim – tal como todos os homens – como "filho de Deus". Nunca falou a respeito do constructo teológico de uma "Trindade". Era um pacifista radical e um salvador que causava sensação. No espírito de Jesus, os homens nunca podem perdoar os pecados de outros homens. Apenas Deus pode fazer isso. O que Jesus ensinou sobre a sexualidade? Seria o Sermão da Montanha também uma falsificação? Jesus nunca teria podido compartilhar a "profissão de fé" cristã, uma vez que não conhecia o Deus "trino" nem o pai "todo-poderoso" e não acreditava ter nascido de uma "virgem". Sobreviveu à crucificação e venceu a morte. Nunca quis "julgar" ninguém, era defensor de seus amigos. Não advertia ninguém contra as prostitutas, os criminosos e os "antissociais", mas sempre contra os escribas, os doutores da lei, os fariseus e os "vigias da fé", que afirmavam ter encontrado Deus. Judas tampouco foi o "traidor" de Jesus, e sim seu ajudante e amigo (ver Capítulo 95). O que Jesus ensinava era escandaloso, sobretudo, para os devotos: tudo o que era decisivo ocorria com quem buscava e esperava, e não com quem parecia ser devoto. O que Jesus queria dizer era: de nada vale repetir mecanicamente o que é recitado pelas autoridades. Ele não queria obediência, e sim liberdade.

    O aramaico, sua língua materna, é o auxílio decisivo para a verdadeira compreensão do homem *mais singular* de todos os tempos. Jesus falava a língua que, de 200 "antes de Cristo" até cerca de 800 após essa cronologia, era o principal idioma em todo o Oriente Médio. Por isso, o Jesus do Novo Testamento grego nos foi transmitido de maneira muita contraditória e incompreensível. Ele estava convencido de que *todos* os homens teriam seu fim junto a Deus — ainda que somente depois de muitas vidas e muitos renascimentos. Com sua mensagem fundamental de que o aspecto mais divino em Deus é o amor, foi o portador e o condutor da verdadeira revolução mundial e de um mundo melhor.

Com absoluta certeza não ensinou nenhuma "pedagogia negra", por meio da qual as crianças foram amedrontadas e espancadas por mais de um milênio; ao contrário, sua mensagem era de uma doutrina divina marcada pelo amor, pela tolerância, pela compreensão e pela atenção. O Jesus do Sermão da Montanha nunca poderia ter dito uma frase como "não vim trazer paz, mas espada" (Mt 10, 34), embora até hoje ela apareça em todos os 4,5 bilhões de edições do Novo Testamento, traduzido a partir do grego, conforme o leitor poderá consultar em qualquer Bíblia. Revelar esse e outros absurdos similarmente perigosos é o objetivo deste livro. Basta pensarmos no fervor com que cristãos do mundo inteiro criticam os muçulmanos por estes pertencerem a uma "religião da espada". No Novo Testamento "grego" oficial, Jesus recomendou três vezes a seus amigos que pegassem em espadas, o que, naturalmente, na realidade nunca fez. "Espada" não significa outra coisa senão guerra. Trata-se do velho pensamento bélico: sem espada, nada se consegue. Tudo deve continuar sendo como sempre foi nas religiões da espada: para defender a dignidade e os direitos humanos, ainda precisamos de soldados e bombas. Infelizmente! Infelizmente!

Contudo, desse modo, toda a missão de Jesus é posta em causa. Só conseguiremos dar um fim à hipocrisia e à discórdia das diferentes religiões em todas elas se aprendermos a redescobrir suas mensagens originais. No cristianismo essa mensagem é a do Jesus "aramaico". O que ele realmente disse em vez da frase sobre a espada é o que se pode ler nos Capítulos 27 e 28.

Jesus sempre foi mal interpretado. Há dois mil anos não foi compreendido porque seus adversários teológicos e políticos insistiam em seus próprios dogmas, em suas leis e pretensões de poder e porque seus próprios mandamentos eram mais importantes para eles do que o Deus humanitário, propagado por Jesus. Um Deus que não se deveria temer lhes soava sinistro. Por isso, acreditaram ser necessário crucificar Jesus.

Mais tarde, Jesus foi mal interpretado porque, por dois mil anos, os homens não conseguiram ou não quiseram entender o que ele ensinara sobre confiança, amor, amor pelo inimigo e misericórdia. Mais uma vez, o medo transformou a proposta de Jesus em "mandamentos", que envenenaram a fonte da vida dos homens com temor mortal. Os homens sempre quiseram ser o que não são, e não quiseram ser o que são. Somente o medo permite que as pessoas façam o que desde o início não queriam fazer, por exemplo, conduzir guerras ou usar de violência na vida privada, espancar ou assustar crianças.

Para Jesus, sonhar era mais importante do que agir; amar era mais importante do que simplesmente viver; sentir, mais importante do que apenas pensar; e alegrar-se, mais importante do que temer. Eis por que ele era perigoso e teve de ser eliminado. Porém, para os doutores da lei de todas as épocas, ouvir mal era mais importante do que ouvir com atenção, educar era mais importante do que desenvolver, e obedecer era mais importante do que confiar. A obediência externa da coletividade aos representantes da "lei e da ordem" sempre foi mais importante do que a força da convicção interior e a experiência pessoal do indivíduo e de sua consciência.

Confiança em vez de medo

Mesmo hoje, na era da psicoterapia e da possível superação do medo, Jesus ainda não pode ser compreendido corretamente, pois muitas de suas palavras foram mal traduzidas do grego para todas as línguas. Portanto, não entender Jesus é mais fácil do que entendê-lo. Em muitas passagens, o Jesus "aramaico", redescoberto por Günther Schwarz, contradiz o clichê tradicional do Jesus "grego". Confiança em um deus amoroso atenua nosso medo e vence a demonização do ser humano. O Deus de Jesus quer e sempre quis que você e eu existíssemos. Ele nos ama. A você e a mim. Conforme nos ensina o prodigioso rapaz de Nazaré, tudo fica bem quando escapamos do inferno do medo (ver Capítulos 57, 64, 92 e 98).

Por dois mil anos, os doutores teológicos da lei, proprietários e administradores de Deus, não tiveram vergonha de pregá-lo em alto e bom som, em vez de buscá-lo em seu coração, em sua consciência e em seus sonhos. De tanto se falar em Deus, a maioria dos homens já perdeu o contato com Ele através de seu cordão umbilical espiritual.

Com a ajuda das retroversões presentes neste livro, cabe ao leitor decidir qual texto o emociona e agrada mais, qual deles vai mais ao seu encontro e se refere a ele. O Jesus "aramaico" traz imagens de um novo mundo para nosso mundo.

Neste trabalho, valem as palavras de Pinchas Lapide, famoso teólogo judeu que estudou Jesus: "Deve-se considerar não o que foi dito a respeito de Jesus e depois dele, e sim o que ele próprio disse, fez e quis, de maneira pura e inalterada. Somente isso deve ser decisivo".

Quem realmente foi Jesus?

1.
O que Jesus disse sobre si mesmo?

*"Ninguém sabe quem sou,
e ninguém sabe quem é* Abba —
externamente — eu quero revelá-lo."
(Lc 10,22 / Mt 11,27 RV)

Toda a confiança de Jesus em Deus está contida nessa frase. Ele sabe quem é *Abba*, seu pai, e quer revelá-lo a nós. Ninguém pode nos agraciar com um presente maior. Segundo Jesus, Deus é a luz, a força, a energia e o germe original de todo ser vivo. No entanto, é sobretudo amor e misericórdia. Mas o que é amor? Certamente mais do que um dogma cristão. É um ideal que nos inspira, um anseio que nos move, um paraíso com o qual até os ateus sonham. Segundo o Dalai Lama, o amor é o coração de todas as religiões. Jesus diz: Deus é amor. Portanto, crer em Deus significa crer no amor. Quando Jesus fala do "Pai", refere-se originariamente ao sentimento materno de Deus. Uma compaixão sem limites e uma confiança sem condições nem restrições. O maior enigma da vida e da questão humana foi resolvido. Ninguém além do maravilhoso jovem de Nazaré em pessoa para garanti-lo. Que responsabilidade! Que confiança no amor de Deus por nós, seres humanos! Seu Deus é um pai maternal. Com que belas palavras Jesus se dirigiu a seus discípulos e a nós, discípulos de seus discípulos! Palavras com valor de eternidade. Ao falar de seu pai, sente-se totalmente aceito e acolhido por Ele com amor. Nunca alguém nos falou de Deus com palavras mais verdadeiras, belas, dignas de confiança e humanitárias.

Já em seu batismo no rio Jordão por João, no início do seu aparecimento público, Jesus "viu os céus se abrirem" e "ouviu" a voz de seu Pai dizer: "És o meu filho amado". Para mim, esse é o segundo decisivo da história universal. A partir dele, passamos a ter uma nova concepção do homem, de Deus e do mundo: Deus, não um tirano que pune, e sim um pai amoroso e uma mãe amorosa.

Jesus se sente amado por seu Pai e, nesse momento, sabe que esse Deus é o "Senhor do céu e da terra". Cheio de confiança, responde a seu bondoso Pai: "Graças te dou, Pai, Senhor do céu e da terra, por teres revelado aos incultos o que escondeste aos eruditos. Sim, Abba, pois esta é a tua vontade" (Lc 10,21 e Mt 11,25-26 RV).

Justamente hoje, em uma suposta sociedade "sem pai" (Alexander Mitscherlich), segundo o testemunho de Jesus *todos* os homens podem sentir-se tocados por um Deus paternal com muitas características maternais, tanto quanto Jesus há dois mil anos: "És o meu filho amado". Ou: "És a minha filha amada". Deus ama você e a mim. Desde sempre nos quis. Fomos convocados. Nossa existência no mundo como filhos de Deus tem um sentido profundo. Ninguém se perderá, todos encontrarão o caminho para casa, ainda que somente após muitos desvios e vários renascimentos. Todo renascimento é nossa próxima chance. A pergunta mais importante de todas para uma vida bem-sucedida é a seguinte: seria a morte terrível ou fecunda? A reencarnação significa que o final ainda está longe de se concluir (sobre o tema "renascimento", ver Capítulos 60 e 61). Desse modo, podemos ouvir palavras inéditas sobre Jesus. Para nós, o homem de Nazaré é a ponte até Deus. Assim como Jesus, existimos tal como somos segundo um projeto divino. E assim como Deus falou a Jesus, também fala a nós, se aprendermos a ouvir com os ouvidos da alma e a enxergar com os olhos da alma. Se aprendermos a prestar atenção em nossos sonhos, então os "céus" também "se abrirão" para nós.

O próprio Deus, "Abba", é nosso pai e nossa mãe. Essa profunda constatação pode despertar em cada um de nós uma imensa energia de vida e de amor, aquecendo-nos como os primeiros raios de sol após escuros e longos dias de inverno. Podemos ser exatamente como somos. Como filhos de Deus, já não temos a obrigação de prestar contas a ninguém. Este é o verdadeiro amor: somos reconhecidos no céu e amados na terra – independentemente dos julgamentos de teólogos eruditos e doutores da Igreja autoritários. Felizmente para a humanidade, o próprio Jesus não estudou nem um único semestre de teologia. Como "aldeão" de Nazaré (Hans Küng), na época um povoado na Galileia com entre 100 e 150 habitantes, ele sempre esteve entre os "incultos", pois buscou Deus com o coração e, em seu batismo, encontrou-o em "céu aberto". Por isso, os teólogos e eruditos de seu tempo o desprezavam. Para eles, era um absurdo que não tivesse estudado com nenhum deles e, mesmo assim, designasse Deus como seu "pai".

Como, afinal, Jesus via a si mesmo? Em nenhuma passagem do Novo Testamento ele diz que é Deus. Sempre enfatiza que é "filho de Deus". Filho é filho, não pai! E a missão que recebeu do pai era mostrar a *todos* o caminho até Ele. Sua Boa-Nova era a possível salvação de *todos*, até mesmo dos que renegaram Deus. Por causa dessa mensagem, ainda não esquecemos Jesus após dois mil anos.

A maior heresia das igrejas, e a mais hostil a Jesus, é a do "inferno eterno" e dos "tormentos eternos". O núcleo da Boa-Nova de Jesus é que seu "pai" quer salvar e salvará a tudo e a *todos*. De maneira funesta, as igrejas deturparam essa Boa-Nova em uma mensagem ameaçadora. Segundo sua própria declaração, Jesus é a "fonte da água viva". No entanto, ao longo dos séculos, essa fonte fresca de vida foi poluída e contaminada. Apenas um retorno a essa fonte do Jesus "aramaico" permite que tornemos a compreender a sua missão, que o sigamos e sejamos capazes de superar os muitos e desagradáveis cismas religiosos. É decisivo o fato de que o retorno de *todos* a Deus só seja possível em liberdade. Deus não subjuga ninguém. Toda coação é contrária a Deus e a Jesus. O maior presente de Deus para cada um de nós é nosso livre-arbítrio.

2.
Jesus — enviado de Deus

*"Saí de Abba (o Pai = Deus).
E vim à terra.
E deixarei a terra.
E voltarei a Abba."*
(Jo 16,28 RV)

Jesus responde à pergunta essencial de nosso tempo: de onde viemos, para onde vamos e por que estamos aqui? Quanto vale nossa liberdade? Viemos de Deus, estamos no caminho rumo a Deus e a Ele retornaremos, tal como disse, experimentou, viveu e soube nosso irmão Jesus. Sem condições nem restrições e sem nenhuma dúvida, Jesus disse: "Venho de Deus e a Ele retornarei. Deus é um deus do amor, não do medo. E estou pronto para morrer por essa convicção". Tudo o que ele quis nos ensinar foi o seguinte: trata-se unicamente de uma confiança profunda no caráter paternal e maternal de Deus. E foi o que garantiu e transmitiu a seus apóstolos. Mostrou-lhes sua proximidade interior com Deus. Provou que não existe razão para temer a morte, pois ela não é um fim, e sim uma passagem, um *amadurecimento*. A separação apenas aparente conduz a um reencontro eterno. Em que situação Jesus falou com tanta convicção e de maneira tão convincente? As frases aqui citadas de Jesus pertencem a um discurso de despedida. Ele dirigiu essas palavras a seus amigos. Sabia o que lhe estava reservado. Já não havia retorno. Tinha de percorrer seu caminho de crucificação até o fim e quis fazê-lo. Afinal, tratava-se de sua mensagem de liberdade, amor e humanidade em oposição à antiga religião e a seus representantes, que pregavam a falta de liberdade, o medo e a desumanidade. Era uma luta de vida e morte. Achou que se tratasse de tudo. Esqueceu religiões e confissões. O pai do qual venho e para o qual retorno é o que ama *todos* os homens. O que vos falta para terdes consciência disso é simplesmente a confiança. Não são necessários vigias da lei nem da fé; basta ouvirdes vossa voz interior e seguirdes o chamado que Deus envia à vossa alma. Senti-vos carregados e protegidos por Deus, assim como eu. O amor é mais forte do que a morte. Nisso podeis acreditar. Com certeza, Deus não nos chama para a vida para depois nos deixar morrer para sempre.

A esse respeito, diz Eugen Drewermann:* "Deus só merece nossa confiança quando e porque não nos abandona na morte". A morte não é a morte, e sim o caminho até o Pai. E, por fim, Jesus quis nos dizer: nunca podereis cair mais fundo do que nas mãos de Deus. Não fomos criados para a morte, e sim para a vida.

---

* Teólogo alemão, crítico da Igreja Católica. [N. da T.]

3.
"Existi antes de Abraão"

Jesus disse aos escribas:
"Abraão desejava ver-me,
e viu-me, e alegrou-se.
Responderam-lhe:
ainda não tens 50 anos,
e Abraão o viu?
Disse-lhes Jesus:
antes que Abraão existisse, eu existi".
(Jo 8,56-58 RV)

Esse Jesus! Quer ser mais velho do que Abraão, que vivera cerca de dois mil anos antes. Que absurdo! E, ainda por cima, uma blasfêmia. Consideraram-no totalmente louco. Alguém assim tinha de ser posto fora de circulação.

Um jovem de cerca de 30 anos dizia ser mais velho do que Abraão e que este havia desejado vê-lo. E alegrou-se ao vê-lo. Obviamente, Jesus facilitou as coisas para seus opositores, que não conseguiam compreender sua singularidade e sua origem divina.

Hoje, alguém assim provavelmente seria mandado para um hospital psiquiátrico. Jesus se torna mais claro ainda em suas palavras extrabíblicas, que esclarecem toda a sua missão e, tal como todo o seu discurso, formulado de maneira poética, soam do seguinte modo:

4.
Conduzirei todos à luz

"*De Abba recebi
plenos poderes
para reconduzir à luz
aqueles que se encontram na escuridão;
para reconduzir à verdade
aqueles que se encontram no engano;
para reconduzir à vida
aqueles que se encontram na morte.*"
(Epístola dos Apóstolos, RV)

Essas palavras são inéditas e novas na história da humanidade. Todos devem ser salvos — sem exceção —, ou seja, "reconduzidos à luz", ao Reino de Deus, ao mundo espiritual. À glória e pátria eterna de Deus. Jesus garante que o bom Pai do céu quer que nenhum de seus filhos se perca.

Pessoas que estiveram próximas da morte descrevem um primeiro olhar nesse mundo com imagens incrivelmente belas. A mensagem central de todos que passaram por essa experiência em todas as culturas, religiões e concepções de mundo e que a carregam consigo a partir de seu encontro com a morte ou com o "ser iluminado do mundo espiritual" é sempre a mesma: de que os valores mais importantes na vida são o amor e a compaixão, o conhecimento e a sabedoria. Na Alemanha há cerca de 2 milhões de pessoas que já tiveram a experiência de estar perto da morte; nos Estados Unidos chegam a ser 8 milhões. Após seu "retorno", essas pessoas passaram a viver com concepções de valores diferentes das anteriores. Alteraram as sociedades em que vivem partindo de seus fundamentos. A esse respeito, há numerosos relatos de Elisabeth Kübler-Ross, Kenneth Ring, Bruce Greyson, Raymond Moody e muitos outros. Sobre esse assunto, Bruce Greyson escreve: "Após observar durante anos as experiências de quase morte, convenci-me de que elas existem para que aprendamos a ajudar os outros". E Kenneth Ring acrescenta: "Creio [...] que toda a humanidade lute coletivamente para despertar para um estado de consciência novo e superior [...] e que a experiência de quase morte possa ser vista como um recurso da evolução para promover essa transformação por um período de vários anos em milhões de pessoas".

Como em nenhum outro lugar, na extrabíblica Epístola dos Apóstolos, Jesus esclarece sua missão. E, para poder cumpri-la, os homens precisam renascer diversas vezes e receber uma nova oportunidade a cada renascimento. Em suas retroversões e retraduções, Günther Schwarz conseguiu demonstrar que, em sua língua materna, Jesus falou ao menos oito vezes em renascimento (ver Capítulos 60 e 61). Podemos imaginar a reação de seus ouvintes. De maneira realista, devemos partir do princípio de que até hoje, dentro ou fora das igrejas cristãs, essas palavras de Jesus não foram efetivamente compreendidas nem levadas a sério em seu significado pleno. Do contrário, a profissão de fé seria outra.

Ao final de seu Evangelho (Mt 28,16-20), Mateus aponta para esse importante discurso de Jesus — contudo, de modo totalmente desfigurado e exagerado. Na retroversão da Epístola dos Apóstolos a partir do aramaico, Jesus recebeu "de *Abba* plenos poderes" para, com sua mensagem, mostrar a *todos* os homens o caminho até o Pai. Tratava--se, portanto, de um poder limitado. Contudo, no texto grego em Mateus, ele foi transformado em "todo o poder no céu e na terra". A esse respeito, Günther Schwarz comenta: "A diferença entre ambos os textos é tão grande que o de Mateus deve ser considerado uma falsificação, pois se Jesus tivesse todo o poder no céu e na terra, então *ele próprio* seria responsável pelas condições satânicas no mundo".

5.
A missão de Jesus

"Não vim ao mundo para trazer infortúnio,
e sim para trazer salvação.
Não vim ao mundo para punir,
e sim para fazer o homem reviver. [...]
Quem é maior: o que está à mesa ou o que serve?
Não vim ao mundo para estar à mesa.
Não vim ao mundo para ser servido,
mas vim ao mundo para servir. [...]
Vim ao mundo para
dar testemunho da verdade.
Todo aquele que vive da verdade obedece à minha voz. [...]
Vim ao mundo para buscar o que se havia perdido."
(Jo 5,26-27 / Lc 22,27 / Jo 18,37 / Lc 19,10 RV)

Trazer salvação, e não o infortúnio; fazer reviver, e não punir; servir, e não ser servido; dar testemunho da verdade e buscar o que se havia perdido — isso era o que queria Jesus. Mas o que foi feito dessas palavras? Em seu nome foram conduzidas guerras – até hoje. O que Jesus diria a respeito dos seguintes fatos?

Os ricos se tornam cada vez mais ricos, e os pobres, cada vez mais pobres.

Políticos "cristãos" nos Estados Unidos e na Europa são responsáveis por exportações de armas que tiram a vida de milhões de pessoas.

Nos últimos vinte anos, o Mar Mediterrâneo – outrora região cultural do Ocidente cristão – transformou-se em um túmulo coletivo para pelo menos 20 mil refugiados da África e do Oriente Médio.

Hoje, com nosso consumo de energia, extinguimos diariamente 150 espécies da fauna e da flora.

Hoje, em nosso rico planeta, 30 mil pessoas morrem de fome todos os dias.

Esse é o triste resultado de um mundo de indiferença globalizada. Onde está a obediência à mensagem de Jesus sobre o Reino de Deus?

O homem de Nazaré chamou os fariseus da sua época de "hipócritas", "raça de víboras" e "serpentes". Hoje, não nos diria outra coisa.

Nesse sentido, no que se refere à diferença entre o programa de Jesus e a prática atual na Cúria romano-católica no Vaticano, diz o papa Francisco: "Fostes acometidos pelo Alzheimer espiritual e pela mania de grandeza. Não servis, mas vos deixais servir". Acusou abertamente os membros da Cúria no Vaticano de serem "carreiristas, egocêntricos e burocratas sem Deus", para os quais o poder e o luxo seriam mais importantes do que a proximidade de Jesus em relação aos pobres. O capitalismo realmente existente seria um "sistema econômico que mata". O papa critica a "soberba" dos sacerdotes que se afastam de Jesus e lhes imputa a "cobiça" e a "busca de reconhecimento". Esse papa usa um texto claro e, com isso, segue os passos de Jesus.

"Que o sim seja sim e o não seja não! O que passar disso provém de Satanás" (Jesus em Mt 5,37 RV).

O novo livro do Papa, *O Nome de Deus é Misericórdia*, publicado em 2016, faz um apelo a *todos* os homens, sejam eles cristãos, agnósticos ou ateus. Mais uma vez, Francisco deixa claro que sente uma especial ligação com os presos e os refugiados. "Por que eles e não eu?", pergunta-se sempre que visita uma prisão. Narra a experiência com uma mulher na Argentina, que "tinha de vender seu corpo para alimentar seus filhos". Ela agradeceu ao papa atual por tê-la tratado como "mulher" e respeitado sua dignidade. E, novamente, Francisco defende que "não se marginalizem os homossexuais [...] A Igreja não está no mundo para condenar, e sim para preparar o caminho para o amor original, que é a misericórdia divina".

6.
Para onde vamos?
De onde viemos?

"Na casa de Abba há muitas moradas.
Eu! Eu vou até lá
para preparar-vos um lugar.
Para que onde eu estiver também possais estar."
(Jo 14,2-3 RV)

Quem confia nessas importantes e veementes palavras de Jesus e as compreende consegue superar o próprio medo da morte. Assim, podemos *amadurecer* ao passarmos para o mundo espiritual, o mundo de Deus, no qual ele queria que vivêssemos; o mundo que chamamos de amor. "Do outro lado", o grande amor nos espera. Lá há alguém que anseia por nós: Deus, nosso pai maternal, que ama todos nós. E o próprio Jesus prepara esse grande encontro. Ele é quem nos arranja abrigo no mundo espiritual, e ele próprio diz isso. A moderna pesquisa sobre a morte e muitos que estiveram perto de morrer confirmam justamente essa Boa-Nova do Nazareno. A morte não é uma separação definitiva de nossos entes queridos, e sim uma espera por eles.

Segundo o psicólogo suíço C. G. Jung, tudo de que o ser humano precisa para viver é fé, esperança, amor e conhecimento. E descrevia da seguinte maneira as pessoas que adquiram esses tesouros interiores: "Conscientizaram-se, conseguiram aceitar-se, estavam em condições de reconciliar-se consigo próprias e, por conseguinte, também se reconciliaram com circunstâncias e acontecimentos desfavoráveis. Isso se assemelha ao que antigamente era expresso com as seguintes palavras: ele fez as pazes com Deus, sacrificou sua própria vontade e submeteu-se à vontade divina". Durante sua longa vida, o psicoterapeuta analisou 80 mil sonhos e chegou à seguinte conclusão: "Dentre todos os meus pacientes que já ultrapassaram a metade da vida [...] não há um único cujo problema definitivo não seja o do posicionamento religioso. Com efeito, em última instância, todos sofrem com o fato de terem perdido o que as religiões vivas deram a seus seguidores de todas as épocas, e ninguém que não tenha recuperado seu posicionamento religioso se curou de fato, o que obviamente nada tem a ver com a confissão ou o pertencimento a uma igreja".

De acordo com Eugen Drewermann, quem compreende que a própria vida recomeça sob a perspectiva transmitida por Jesus passa a conhecer uma humanidade libertadora: "Precisamos de um oponente humano para encontrar nossa humanidade, e é justamente esse oponente absoluto de nossa humanidade que o Jesus do Evangelho de São João quer nos transmitir pela proximidade de sua pessoa, que é formada pela confiança em seu Pai".

Um pouco mais adiante, diz Jesus no Evangelho de São João: "Deixo-vos a vossa paz. A minha paz vos dou" (Jo 14,27 RV). Obviamente, Jesus não se refere à paz perversa da política e do exército, que hoje é bombardeada, por exemplo, na Síria e no Iraque, e sim à *sua* paz. Trata-se, antes, de uma paz verdadeira, que Mahatma Gandhi descreveu da seguinte maneira: "Não existe um caminho para a paz — a paz é o caminho; quem não der o primeiro passo, nunca a alcançará". Essa é uma paz que, em seu Sermão da Montanha, Jesus descreveu como "amor pelo inimigo". E, de maneira concreta, prática e pragmática, amar o inimigo significa ser mais inteligente do que ele, buscar caminhos para sair do círculo vicioso da violência e rompê-lo. Em seu Sermão, Jesus mostra esse caminho ideal exortando os homens de pouca fé a terem mais confiança.

7.
Governar com o Sermão da Montanha?

"Bem-aventurados vós, os pobres! Bem-aventurados vós, que chorais, porque Deus vos alegrará.
Se eles vos odiarem e injuriarem
e vos caluniarem
regozijai-vos e exultai nesses dias!
Pois vede! Grande é vosso galardão nos céus.
A todo aquele que bater em tua face
Oferece-lhe a outra!
Tende misericórdia dos que vos hostilizarem!
Fazei o bem aos que vos odiarem!
Abençoai os que vos amaldiçoarem!
Pois Deus permitirá que sejais ricos.
Bem-aventurados vós, que tendes fome,
pois Deus vos tornará fartos."
(Sermão da Montanha, Mt 5,3-12 RV)

No início dos anos 1980, no auge do rearmamento atômico, os representantes das potências ocidentais da época — Jimmy Carter e Ronald

Reagan, nos Estados Unidos; Helmut Schmidt e Helmut Kohl, na Alemanha; François Mitterrand, na França, e Margaret Thatcher, na Inglaterra — apresentaram o seguinte cálculo em relação à União Soviética: Moscou tem capacidade para destruir o Ocidente 25 vezes com suas bombas atômicas, mas nós só temos capacidade para destruir 20 vezes a União Soviética. Portanto, precisamos nos "rearmar". Como a União Soviética havia posicionado os chamados mísseis SS-20 com ogivas nucleares contra o Ocidente, o mundo ocidental acreditava que tinha de responder com mísseis Pershing, igualmente equipados com bombas atômicas. A loucura parecia longe do fim.

Nessa época, eu estava no Monte das Bem-Aventuranças, perto do Lago Genesaré, na Galileia, e me perguntei o que Jesus entenderia por "amor pelo inimigo" ("Tende misericórdia dos que vos hostilizarem") em uma situação como essa. "Ouvi" o pregador da montanha dizer: alguém precisa começar a parar. Em seguida, escrevi meu breve texto polêmico *Frieden ist möglich. Die Politik der Bergpredigt* [A Paz é Possível. A Política do Sermão da Montanha]. Com um milhão de exemplares impressos em doze línguas, ele se tornou um documento do movimento pela paz, até mesmo na República Democrática Alemã (RDA) e no Leste Europeu.

Alguns anos depois, por ocasião da *glasnost* e da *perestroika* de Gorbatchev, um de seus conselheiros militares me disse em um congresso da Academia Política, perto do Lago Starnberg: "Lemos no Kremlin seu livro sobre o Sermão da Montanha. No espírito de Jesus, vamos parar com a corrida armamentista, independentemente do que fizer o Ocidente. Tiraremos de vocês sua imagem de inimigo". Esse foi um exemplo concreto e prático de amor ao inimigo que mudou o mundo. A mudança dos tempos começou não com os políticos "cristãos" em

Bonn, Paris, Londres ou Washington, e sim por trás dos muros espessos de um regime comunista no Kremlin.

Mikhail Gorbatchev é o herói do desarmamento atômico na Europa. Somente graças à sua política corajosa é que a unificação alemã também pôde ser realizada.

É possível governar com o Sermão da Montanha? Todos os chanceleres alemães, de Bismarck a Kohl, responderam a essa pergunta com um decidido "não". Na política relacionada aos refugiados, pelo menos Angela Merkel tenta seguir com o lema: "Bem-aventurados aqueles que ajudam os refugiados". Todos os envolvidos no conflito no Oriente Médio deveriam aprender com isso.

Também entre Israel e palestinos a paz é possível. Segundo o pregador da Montanha, quem quer a paz tem de negociar não apenas com os amigos, mas também com os inimigos. É claro que uma solução política para o conflito na Síria também é possível. Se o Irã xiita e a Arábia Saudita sunita sentaram-se à mesa no início das negociações da Síria, em novembro de 2015, por que não convidar também o "Estado Islâmico" para uma conversa? Afinal, *todos* os envolvidos estão interessados em um cessar-fogo — do mesmo modo como antigamente os terroristas do IRA na Irlanda do Norte, os do ETA na Espanha, os da OLP sob Yasser Arafat ou o CNA de Nelson Mandela, na África do Sul, também estavam interessados em um cessar-fogo e acabaram fazendo acordos.

Sempre se acreditou que terroristas são tão maus que não é possível negociar com eles. No entanto, sempre se chegou a alguma negociação. Infelizmente, apenas depois da morte desnecessária de milhares ou dezenas de milhares de pessoas inocentes.

O terror não é o objetivo dos terroristas, e sim o meio para alcançarem seu objetivo. Na maioria das vezes, o que eles querem é fundar seu próprio Estado. Também para eles a questão é o poder. Por isso, nas negociações, é sempre possível fazer concessões e acordos. Partes da Síria e do Iraque poderiam formar um Estado sunita próprio. É provável que negociações com o Estado Islâmico fossem mais promissoras do que envios de armas à Arábia Saudita.

De fato, nunca há uma solução militar para problemas com o terrorismo, embora sempre se faça uma tentativa nesse sentido. Os anos após 2001 mostram que precisamos de soluções novas, mais inovadoras e corajosas do que as tentadas, por exemplo, por George W. Bush. Em algum momento vamos ter de aprender com a história. Cada terrorista morto desencadeia o sentimento de vingança e cria novos terroristas, jogando seus amigos e conhecidos nos braços de outros terroristas. A "guerra contra o terror" também é uma guerra. Não é uma resposta benéfica ao terror, e sim o próprio terror.

Bertolt Brecht sabia que nada é imutável. Em sua *Canção do Rio Moldau*, ele encontrou as palavras certas para exprimir essa ideia: "Nem o grande permanece grande, nem o pequeno permanece pequeno. / A noite tem doze horas, e logo já raia o dia". Tudo flui. Não há escuridão que dure 24 horas. Após as sombras vêm os raios de luz. Em muitas partes do mundo crescem as dúvidas a respeito do sentido e do sucesso de soluções militares para os conflitos. Justamente hoje, o espírito do Sermão da Montanha conquista muitas mentes e corações. Alguns adversários que já não querem ou não conseguem vencer iniciam negociações. A resolução civil de conflitos torna-se mais atrativa e benéfica. Também entre militares se insinua a dúvida sobre seu modo de agir. "Um grande processo de mudança de mentalidade conduz da lógica da guerra para a lógica da paz", escreveu Andreas Buro, pesquisador da paz pouco antes de sua morte, no Natal de 2015. A paz se torna possível se cada vez mais pessoas fizerem da superação da guerra e do incentivo da paz a sua missão de vida. A paz precisa de mais pacifistas.

O Sermão da Montanha é e continua sendo o discurso mais importante dentre todos sobre o tema. Até hoje, inspirou milhões de pessoas. Há dois mil anos, na costa setentrional do Lago de Genesaré, Jesus proferiu esse, que é o mais poderoso discurso da história da humanidade e a soma de muitos outros, com a seguinte intenção: "Nunca desistais – buscai sempre a reconciliação, o amor, a justiça e a paz". Essa é a essência de toda a ética da paz.

As pessoas que interiorizaram o Sermão da Montanha visam à liberdade do outro, recomendam aos que sofreram uma injustiça que renunciem à vingança e sempre vejam no adversário também um parceiro e tentem conquistá-lo como tal. Obviamente, tudo isso só é possível se aprendermos a confiar na força universal e na energia da não violência. Nossa regra de comportamento é: trabalhe primeiro sua paz interior para criar a base para a paz exterior.

Nunca alguém havia exortado quem tivesse apanhado a oferecer a outra face. O Sermão da Montanha termina dizendo que todos os que tiverem compreendido as recomendações de Jesus terão "construído" sua casa, ou seja, sua vida "sobre a rocha" resistente às "tempestades e marés". Isso não significa outra coisa senão a base para uma vida feliz. Cabe a nós mesmos fazer essa escolha. A quem mais? – pergunta o pregador da Montanha.

8.
O que quer Jesus?

"Vim à terra
para acender um archote.
E, como eu desejava,
ele já arde!"
(Lc 12,49 RV)

Nesse trecho, o archote aceso é idêntico à salvação. Jesus era um grande salvador, algo que combina com sua missão. Portanto, ele queria acender o archote da salvação e desejava que ele ardesse o mais rápido possível. Sua mensagem: Deus é a força, o fogo que carrega nosso amor. Sua Boa-Nova é tal como descreveu a mística francesa Madeleine Delbrêl: "A luz do Evangelho não é uma iluminação que permanece fora de nós, e sim um fogo que penetraria em nós para recriar nosso interior". Afinal, Jesus não instituiu professores para serem seus seguidores, e sim leigos como os pescadores no Lago de Genesaré. Sua promessa diz: "Sou a luz do mundo". Para nós, isso significa que não tatearemos no escuro. Por muito tempo, não haverá escuridão. Essa mensagem de salvação vale para todos os homens, tanto para os de nenhuma ou pouca fé quanto para os bons cristãos.

No Evangelho de São Tomé, no qual se encontram muitas palavras de Jesus que não foram incorporadas nos evangelhos oficiais, Jesus diz: "Aquele que está perto de mim está perto do fogo" (versículo 82). E, após sua crucificação, seus amigos registraram nos Atos dos Apóstolos: "E viram fogo, como que repartido em chamas, passar sobre eles" (At 2,3). A mensagem de Jesus se espalhou e ainda se espalha como fogo. Jesus exortara seus amigos: "Sede a luz do mundo!" Apenas quem arde por uma ideia é capaz de inflamar os outros. Foi o que na época ele disse a doze pessoas. Hoje há mais de 2 bilhões de cristãos que o invocam.

Paulo escreveu na Epístola aos Efésios: "Noutro tempo éreis trevas, mas agora sois luz de uma grande luz, Cristo. Vivei como vivem os homens feitos de fogo" (Ef 5,8 RV).

Em muitas imagens oníricas do homem moderno, o fogo e o archote se fazem presentes. Um fogo claro arde no sonho quando alguém é inflamado por uma nova ideia. Onde há fogo, algo acontece, existe vida. Inversamente, há sonhos desoladores, nos quais apenas a noite e as trevas predominam. Em contrapartida, sonhos com fogo são sempre grandes. Com o fogo da paixão não se pode brincar. O archote da paixão sempre traz a comoção das ideias, a experiência interior e a energia da alma. O maior e mais iluminado símbolo da energia no sonho é o sol. Parto do princípio de que, mesmo no terceiro milênio, esse archote aceso pelo homem de Nazaré nada perderá de seu fascínio.

Segundo Jörg Zink, "o espírito é o fogo vindo de Deus". Cinquenta dias após a Páscoa, no Pentecostes, os apóstolos ainda estavam assustados e recuperavam-se a portas fechadas, em uma pequena sala em Jerusalém, do estado de choque desencadeado pela crucificação de Jesus, quando uma tempestade irrompeu e eles viram chamas acima de si. Segundo os Atos dos Apóstolos, o Espírito de Deus os preencheu, e eles passaram a balbuciar as palavras que esse espírito neles inspirava (At 2,1-13). Então a história de vida de Jesus começou a ter efeito: simbolicamente, tal como o fogo que se espalha. O medo como que desapareceu por completo de seus apóstolos. O espírito de Jesus continuou a falar por meio deles, e no futuro ele continuará a se propagar. Homens comuns — pescadores, artesãos, agricultores e donas de casa — tornam-se suas testemunhas. Até hoje. Todo fogo solta faíscas. Sobretudo das palavras na língua materna de Jesus. A missão de que ele nos encarrega é a seguinte: passai o archote adiante! Sede fogo, não cinzas.

9.
O sol do Pai brilha para todos

*"Ele, Abba, faz seu sol se levantar sobre bons e maus,
e a chuva cair sobre justos
e injustos."*
(Mt 5,45 RV)

O sol é o símbolo da bondade de Deus e do poder das forças celestiais. Como bem sabem os astrofísicos modernos, essa estrela envia para a Terra uma energia 15 mil vezes superior ao consumido na atualidade pelos seus 7 milhões e meio de habitantes.

O sol também é gratuito, como o amor de Deus: os seres vivos têm à disposição energia mais do que suficiente; os seres humanos têm a possibilidade de utilizar essa energia de maneira ecológica e adequada à Criação. O sol não nos manda nenhuma conta. Sua colaboração com nossa terra não é um acaso, e sim um grandioso milagre. Sem sol não há vida. Tampouco é um acaso que ele esteja a uma "distância segura" de 150 milhões de quilômetros da Terra. E é bom que seja assim. Portanto, a solução para nosso atual problema energético está todos os dias no céu.

A riqueza solar do nosso planeta é a pré-condição para que, no futuro, nenhuma criança tenha de morrer de fome. Graças à evolução das tecnologias solares, pela primeira vez temos a oportunidade de "colocar a fome no museu da história", conforme diz Muhamad Yunus, Prêmio Nobel da Paz e banqueiro dos pobres, originário de Bangladesh, onde atualmente usa o microcrédito para vender 8 mil dispositivos fotovoltaicos por dia para os pobres.

Enquanto eu escrevia este livro, fiz uma viagem de alguns dias pela Alemanha com Abu Sayeed Al Mahmood Swapon, secretário--geral do Awami-Liga, partido do governo de Bangladesh. Visitamos alguns projetos bem-sucedidos de transição para um abastecimento energético sustentável. O político de Bangladesh quer que seu país atinja a meta de 100% de transição para energia solar até 2050. Para tanto, orienta-se pelo sistema alemão. Uma semana antes, o governo de Bangladesh firmara com a Rússia um pré-acordo para a construção de uma usina nuclear. Os 164 milhões de habitantes de Bangladesh também se deparam com a pergunta: energia atômica cara e perigosa ou energia solar sustentável e barata?

Há energia solar suficiente para todos! Até de sobra, se aprendermos uma política energética mais inteligente. A transição para um abastecimento energético sustentável, introduzida, por exemplo, na Alemanha, na Áustria, na Suécia e na Dinamarca, mas também na China, na Índia, na Califórnia e no Japão, mostra que a mudança total para a energia renovável pode dar certo em cerca de três décadas.

Para tanto, por certo precisamos desenvolver uma concepção totalmente diferente de crescimento. Em um mundo com recursos materiais finitos, não pode haver um crescimento infinito, ao contrário do que até agora acreditaram os economistas neoliberais. Quem prega um crescimento infinito em um mundo finito é idiota ou um economista ingênuo. O mundo alcançou o limite do crescimento material. Os recursos restantes estão chegando ao fim, os ecossistemas estão perdendo sua capacidade de produção. E logo a população mundial também começará a decrescer. Desse modo, o crescimento atual, no qual todos nós acreditamos como se fosse uma religião, encontra seu fim natural. Porém, a maioria dos políticos e economistas continua agarrada ao antigo dogma do crescimento do século XX, em vez de se preparar para uma redução inteligente.

Se por um lado as energias renováveis não são poucas, por outro o tempo de que ainda dispomos para fazer uma transição total para elas está se esgotando. Já sabia Charles Darwin: "Não é a espécie mais forte que sobrevive, tampouco a mais inteligente, mas a que reage melhor às mudanças".

Segundo Jesus em sua maravilhosa metáfora ecológica, nossa terra deve sua riqueza às seguintes forças celestiais: o sol e a chuva.

O mundo é cheio de energia, tanto espiritual quanto física. Podemos confiar inteiramente na "energia vinda das alturas". Como bem sabem os astrofísicos, o sol ainda brilhará por cerca de quatro bilhões de anos — e, até agora, já brilhou pelo mesmo tanto. Já vivemos aproximadamente o primeiro tempo da evolução neste planeta.

Com a riqueza do sol, esse símbolo divino, pela primeira vez podemos criar uma riqueza para a sociedade universal. África e o Sol — que visão de um mundo fraternal, sem fome, exatamente no espírito de Jesus. Com sua metáfora do sol em pleno Sermão da Montanha, ele mostra o fundamento ético para uma nova era solar. O sol não é propriedade de nenhuma companhia de distribuição de energia; ele pertence a *todos*. É precondição para toda espécie de vida, fonte inesgotável de energia. De um ponto de vista concreto e prático, isso significa que, nas próximas décadas, 20 milhões de edifícios na Alemanha poderão transformar-se em 20 milhões de pequenas usinas de energia solar. Não haverá paz mundial sem paz com a natureza. Entretanto, com a queima de carvão, gás e óleo, hoje conduzimos uma terceira guerra mundial contra a natureza e, portanto, contra nós mesmos. Em *um único* dia, queimamos mundialmente o que a natureza levou um milhão de anos para acumular. Essa crise energética externa é o retrato de nossa crise energética interior.

Hoje sabemos que a mudança verde existe e já não é uma utopia. Fontes de energia fósseis e atômicas estão em declínio no mundo inteiro, enquanto energias renováveis estão em ascensão. Noventa e dois por cento dos alemães são favoráveis à transição para um abastecimento energético sustentável. Em 2015, na Cúpula do G7, realizada no Castelo de Elmau, decidiu-se que o mundo deve sair por completo da era fóssil e atômica ainda neste século. Na Conferência sobre o Clima, em Paris, pesquisadores afirmaram que precisamos alcançar esse objetivo antes, no mais tardar em 2050.

Para a transição completa para a energia renovável, precisamos pôr em prática quatro princípios regulatórios:
- prioridade permanente para fontes renováveis no mercado energético;
- prioridade para fontes de energia renováveis na política de planejamento do território e no planejamento urbanístico;

- uma conversão fundamental do imposto sobre a energia em imposto sobre poluentes e
- uma configuração concludente da infraestrutura energética como bem comum.

A diretriz regulatória deve priorizar o ecossocial em vez do mercado radical. Ela revelará os antigos oligopólios energéticos como monstros da economia planificada. A era solar iniciou-se dois mil anos após a referência de Jesus ao "sol do Pai". O avanço nos próximos anos será proporcionado por uma razão econômica, pois o sol e o vento significam um lucro duplo: não geram nenhum custo para o combustível, pois nada é queimado, e suspendem os custos pelas consequências da mudança climática.

O Deus de Jesus é para todos, o que também significa que é para todas as gerações. No entanto, na política atual, quem ainda não nasceu não tem defensores — seja em relação à proteção climática, seja quanto à transição para um abastecimento energético sustentável, seja no que se refere à política previdenciária. Porém, no espírito de Jesus, uma política apenas para os atuais seres vivos não é tolerável do ponto de vista ético.

10.
Jesus e os animais

"Não se vendem dois pardais por um asse?
E nenhum deles será esquecido por Abba."
(Lc 12,6 / Mt 10,29 RV)

Jesus mostra compaixão por um animal aparentemente tão insignificante como um pardal. E, ao mesmo tempo, diz que Deus também ama os animais que criou. Para Jesus, a bondade de Deus é incomensurável, pois ele também se apieda dos animais. Em Nazaré, local onde nasceu, as cabras, as ovelhas, os burros e os camelos faziam parte da paisagem cotidiana.

"Jesus não falou nada a respeito dos animais. O que o fez escrever sobre o amor de Jesus pelos animais?", perguntou-me uma teóloga após a publicação do meu livro *Der ökologische Jesus. Vertrauen in die Schöpfung* [O Jesus Ecológico. Confiança na Criação]. Só pude responder com outra pergunta: "Qual Bíblia você costuma ler?" Não apenas o pardal citado acima, mas já no tradicional Novo Testamento grego aparecem pelo menos outras dezoito espécies de animais. É o discurso da riqueza da Criação, que inclui bois e víboras, burros e anjos, abutres e espíritos, Deus e gramíneas, mosquitos e farinha, alimento e cobras, chuva, videiras e maturidade, crescimento e caminhada, pássaros e devastação, vinho e pastagens, milagres e lobos, vermes, raízes e deserto. Jesus fala de pescar e assar o pão, mas nunca de dogmas. Em vez disso, fala do sol e do vento, da água e da alma. Segundo Jesus, Deus quer que reconheçamos os animais como companheiros de criação. Se realmente estivermos interessados em diminuir a violência, tal como concebido por um Deus amoroso, também precisaremos de uma ética específica nesta era de criação e exploração em massa de animais.

11.
Sentimentalismo pelos animais não significa amor pelos animais

"*Qual dentre vós*
será o homem que, tendo uma ovelha,
não irá buscá-la
se num sábado ela cair numa cova?!
Pois, quanto mais vale um homem
do que uma ovelha?
É, por consequência,
lícito fazer bem aos sábados."
(Mt 12,11-12 RV)

Jesus mostra que é pragmático e tem bom senso – bem distante de qualquer fundamentalismo.

No entanto, nossa indiferença em relação ao sofrimento dos animais na criação industrializada e na exploração em massa é um verdadeiro escândalo. Gostamos de falar de uma criação apropriada à espécie. Mas o que significa isso? Hilal Sezgin, jornalista de origem turco-alemã e especialista em ética animal oferece a seguinte resposta:

apenas a liberdade é apropriada à espécie. E questiona: "Por que a violência contra os animais é permitida enquanto aquela contra os seres humanos é proibida?" Uma pergunta que nossa sociedade prefere evitar responder.

Na maioria das vezes, as crianças sabem mais do que os adultos sobre a dignidade dos animais. Talvez também por isso Jesus tenha declarado: "Se não vos converterdes e não vos fizerdes como criancinhas, de modo algum entrareis no Reino dos céus" (Mt 18,3 – tradução ecumênica da Bíblia na língua alemã). Quando Caren, nossa filha mais nova, tinha 4 ou 5 anos, eu costumava rezar com ela antes de dormir. Suas últimas frases sempre eram: "Querido Deus, permita que os animais e as árvores também durmam em paz".

12.
Os pais são os substitutos de Deus

"*Se até mesmo vós sabeis
dar boas dádivas aos vossos filhos,
tanto mais sabe* Abba
dar boas dádivas aos seus filhos!"
(Mt 7,11 / Lc 11,13 RV)

Um recém-nascido não tem preocupações quanto ao futuro. Confia plenamente em seus pais. Entrega-se a seus cuidados, acredita que receberá deles tudo de que precisa. Porém, antes, teriam os próprios pais essas "boas dádivas"?

Jesus usa essa imagem para deixar claro o que entende pela confiança que devemos ter em relação a Deus. Confiar Nele como o bebê confia cegamente no seio materno com instinto natural. Em todas as culturas, a mãe que amamenta o filho é o símbolo da confiança primordial na vida. Junto ao seio materno, o bebê recebe tudo de que precisa: alimento, segurança, contato físico e amor. A proteção junto ao seio materno seria nossa primeira experiência de meditação.

Nesse caso, Deus tem o sabor de uma bondade sem limites e de uma serenidade benevolente. Ao rezar diariamente com meus pais antes das refeições, aprendi mais uma coisa a respeito dessa confiança primordial: "Ó Deus, de quem tudo recebemos, louvamos o Senhor por suas dádivas. Tu nos alimentas porque nos amas. Abençoa também o que nos dás. Amém".

Para Jesus, os pais são os substitutos de Deus na Terra. A bondade que dedicam aos filhos é um retrato do amor de Deus pelos homens.

13.
Vivei despreocupadamente!

"Não estejais apreensivos por vossa vida,
pelo que comereis!
E não estejais apreensivos por vosso corpo,
pelo que vestireis!
Valeria a vida mais
do que o alimento?!
E o corpo mais
do que as vestes?! [...]
Por que estais tão apreensivos por causa do alimento?
Observai os corvos,
que nem semeiam, nem segam!
Ele, Abba, os alimenta!
Valeis mais do que eles?!
E, quanto ao vestuário, por que andais apreensivos?
Observai os lírios do campo,
que não cardam,
não fiam
nem tecem!

E eu vos digo:
nem mesmo Salomão
se vestiu como um deles.
Mas se Abba assim veste a erva do campo –
que hoje existe, e amanhã secará e será lançada no forno –
muito mais vestirá a vós,
homens de pouca fé!
Não andeis, pois, apreensivos, pensando:
O que comeremos?
Com que nos vestiremos?
Pois Abba bem sabe
do que necessitais."
(Mt 6,25.26;28-32 / Lc 12, 22-24;26-30, mesclados, RV)

Em que outro momento senão em nossa época de preocupação extremada, de seguros e garantias, tal recomendação de despreocupação, escrita em versos, poderia ser oportuna e benéfica?

Portanto, se *Abba* já cuidava dos corvos e dos lírios do campo, mais ainda cuidaria daqueles que pregavam o Reino de Deus, esclarece o mestre de Nazaré a seus colaboradores mais próximos. Esse seria seu poema didático mais belo, engraçado e atual – retrovertido a partir de sua língua materna.

Essa "despreocupação" também tinha um fundamento real na hospitalidade galileia e no fato de que os apóstolos de Jesus peregrinavam para cumprir a missão de que haviam sido incumbidos por um respeitado mestre espiritual na época e bem-sucedido salvador. Por isso, não deveriam ter nenhuma preocupação material. Há também que se considerar o seguinte contraste: os teólogos e vigias da fé eruditos atribuíam às pessoas cada vez mais encargos, mandamentos e proibições. Adulteraram e *deturparam* tudo o que Deus realmente espera de nós. Mas então chegou um pregador peregrino, sem estudo, um doutor de pés descalços, e os instruiu: não estejais apreensivos nem temerosos. *Don't worry, be happy!* [Não se preocupe, seja feliz!] Isso deve ter agradado muito. As pessoas ficaram fora de si de tão entusiasmadas. Jesus lhes ensinou: o que realmente conta não tem preço. Não podeis comprar amigos nem alegria. Deus ou Mamom? Não podeis servir a ambos. Tem de ser um ou outro! A única coisa que importa é vossa relação com Deus e sua confiança nas "boas dádivas" do Pai celestial. Todo o restante vos será dado de bandeja. Vosso *Abba* cuidará disso!

Hoje, Jesus acrescentaria: contudo, tende de aprender a lidar com a natureza em vez de agir contra ela. Por exemplo, incorporando uma política de energia totalmente renovável. Por fim, tende de aprender a praticar uma agricultura biológica. Essa é a chave para a despreocupação com o amanhã. A única coisa de que precisais, e a única que conta, vosso Pai já colocou na balança: amor e confiança, atenção e esperança. Essas são as forças que nos ajudam a viver corretamente. Assim, a "despreocupação" recomendada por Jesus age de maneira curativa e salutar em cada indivíduo e em todo o planeta.

As forças e a riqueza da natureza cuidam para que não sejais obrigados a "fazer" nem tenhais qualquer "obrigação". Talvez seja bom refletir sobre vós próprios e reconhecer o que vos faz bem. Uni-vos a vós mesmos! Vós, mulheres, pelo menos reconheceis que sois belas como os lírios do campo! Vossa beleza é o amor. Sabei distinguir o engano comum daquele mal-intencionado, segundo o qual somente sois quando tendes alguma coisa. Se Deus dá ao pequeno pardal aquilo de que ele precisa, por que não daria a vós e a mim?

14.
O Reino de Deus já existe!

"*O Reino de Deus não vem!
Pois vede! O Reino de Deus já existe.
Estende-se sobre a terra,
mas os homens não o percebem.*"
(Lc 17,20-21 RV)

Nós, jornalistas, somos uma espécie estranha. Tomemos o ano de 2016. Relatamos guerras e mortos pelas guerras na Síria e no Iraque, no leste da Ucrânia e no Iêmen. A julgar pelas notícias da televisão e dos jornais, o mundo está afundando em conflitos bélicos mais do que em qualquer outro período desde 1945. No entanto, ocorre exatamente o contrário. Vivemos em tempos relativamente pacíficos.

Há dois mil anos, Jesus sonhou com um mundo mais pacífico e com menos violência. Foi o que quis dizer com suas palavras a respeito do "Reino de Deus" que se estende "sobre a Terra, mas os homens não percebem". Avaliada corretamente, a partir de 1950 a violência no mundo apresenta a seguinte evolução: entre 1950 e 1953, durante a Guerra da Coreia, de cada 100 mil pessoas que morreram em um ano no mundo, vinte foram vítimas da violência bélica. Durante a Guerra do Vietnã, entre 1955 e 1975, de cada 100 mil mortes anuais, oito eram em decorrência da guerra. Durante as guerras entre o Irã e o Iraque, de 1980 a 1988, bem como na Guerra do Afeganistão, de 1978 a 2001, de cada 100 mil mortes, três eram ocasionadas por conflitos bélicos. E durante a Guerra da Síria, desde 2010, para cada ano há uma vítima de guerra entre cada 100 mil pessoas mortas. Atualmente, temos vinte vezes menos mortos de guerra do que há 65 anos; portanto, muito menos do que na última metade de século. Entretanto, as informações jornalísticas sugerem o contrário.

Embora seja compreensível do ponto de vista subjetivo, a frase "a situação nunca esteve tão ruim quanto hoje", tantas vezes ouvida, é objetivamente falsa. Ninguém descreveu e estudou essa evolução positiva de maneira tão perfeita, meticulosa e convincente quanto Steven Pinker, psicólogo e linguista canadense naturalizado norte-americano, que publicou sua pesquisa sobre a violência no volumoso livro Os Anjos Bons da Nossa Natureza. Segundo ele, a paz é uma invenção moderna.

Trata-se de um mito e de uma falha do jornalismo descrever a história como uma escalada de violência, tal como ainda hoje faz a maioria dos livros didáticos e dos jornalistas. Há dois ou três mil anos, o homicídio doloso e culposo, a violência e o estupro, o assassinato de recém-nascidos, a punição de crianças, atualmente inconcebível, bem como a tortura cruel de animais eram parte natural do cotidiano, tal como descrito na Bíblia hebraica: massacres e genocídios, assassinato de mulheres e moças, de reis e políticos, de esposos e esposas, suicídio e fratricídio eram a ordem do dia. Segundo as pesquisas de Pinker, porém, somente a partir da Idade Média o índice de assassinatos na Europa diminuiu em trinta vezes. A humanidade se encaminhava para um mundo com menos violência. Justamente com isso sonhava o Nazareno. Apesar de muitos casos de reincidência na violência, por milênios não se viu uma paz como a vivida pela Europa Ocidental há setenta anos. O homem tem capacidade de aprender. Não é um predador. Ideais não são alucinações. Embora muitas vezes na natureza silenciosa impere a lei da sobrevivência, que inclui um sem-número de ações como devorar e ser devorado, dilacerar, esmagar e apunhalar, nessa mesma natureza também encontramos vestígios de dedicação, ajuda, compaixão e união, sobretudo entre os mamíferos.

E como se pode explicar esse progresso, que tornou o mundo mais humanitário? A divisão de poderes conduziu a uma diminuição da violência. O comércio mais intenso entre os Estados também reduziu a violência. Na ciência econômica, aos poucos se descobriu, praticou e ensinou a "lei do comércio pacífico". A feminização das sociedades também teve um efeito pacificador. Monoculturas masculinas no topo de grandes companhias tornaram-se desatualizadas, ridículas e totalmente inapropriadas para a imagem da empresa. Mais amizade e respeito para com as mulheres e as crianças eram grandes objetivos de Jesus, o primeiro homem moderno de relevância na história universal. Empresas lideradas por mulheres são mais bem-sucedidas. Acrescente-se a isso o fato de que, com a invenção e a difusão da imprensa e dos novos meios eletrônicos de comunicação, o interesse por outros povos, por outras línguas e culturas logo se expandiu. Como consequência, escravos, crianças e animais passaram a ser vistos com mais compaixão.

Segundo o futurologista Max Roser, há duzentos anos, 90% da humanidade vivia abaixo da linha de pobreza; hoje são 10%. Em 1970, apenas 56% das pessoas sabiam ler e escrever; hoje a taxa de alfabetização no mundo está em 85%. Como se vê, ótimas notícias e histórias incríveis de sucesso, que, no entanto, quase não são publicadas. Albert Schweitzer, pesquisador especializado em Jesus, já sabia: "O progresso real está intimamente ligado à crença de uma humanidade que o considera possível". Tudo isso tem muito a ver com a confiança primordial em Deus, que Jesus nos recomendou e que muitos cristãos perderam.

Com os jornalistas ocorre o que diz um antigo provérbio tibetano: "A árvore que está para cair faz muito barulho, porém, mal se ouve a floresta em crescimento". Também deveríamos aprender a observar a floresta em crescimento e a falar sobre ela.

O retrocesso da violência seria o desenvolvimento mais significativo, mas, ao mesmo tempo, o menos notado na história da humanidade. Talvez essa história tenha como meta a paz e a justiça. Grande influência tiveram Jesus, com seu "amor pelo inimigo" ("Tende misericórdia dos que vos hostilizarem!"), Buda, com sua doutrina da harmonia de todos os seres vivos, Mahatma Gandhi, com sua filosofia da verdade, Albert Schweitzer, com seu "respeito a todo tipo de vida", Martin Luther King e Nelson Mandela, com seu sonho de igualdade entre todas as raças. Um mundo e um futuro melhores são possíveis. É o que ensinam muitas pessoas de destaque, e é o que ensina a história. Há razões para um otimismo realista e racional.

15.
Dos velhos para os novos tempos

"*O tempo está cumprido,
e o Reino de Deus está próximo!
Arrependei-vos – e confiai em Deus.*"
(Mc 1,15 / Mt 4,17 RV)

O período anterior à era cristã foi de espera por um Reino de Deus material e terreno. Para Jesus, tratava-se de uma espera errônea. Para os judeus, ela teria significado uma libertação do jugo romano, libertação essa que acabaria com suas carências políticas e sociais.

No entanto, com seu Reino de Deus, Jesus refere-se à libertação da heteronomia de todos os homens. "Arrependei-vos" significa tanto "voltai atrás" quanto "recomeçai". "O Reino de Deus está próximo!" significa: Refleti! Sois filhos de Deus! Filhos da liberdade! Deus está muito próximo de vós! É vosso verdadeiro Pai! Deus é vosso tesouro! Este é o novo tempo. Assim começa a verdadeira salvação. Essa nova imagem de Deus se refletiria no coração dos homens tal como as nuvens na água do Jordão durante o batismo de Jesus. Sua nova imagem de Deus se tornaria a *nossa* nova imagem de Deus.

Confiai em Deus! Eis a palavra-chave de Jesus a seus amigos. Antigamente e hoje. Há tantas ocorrências a respeito no Novo Testamento que até poderíamos pensar que ele estava quase desesperado porque seus discípulos não compreendiam o que estava querendo dizer com "confiança".

Passo a véspera do meu aniversário de 60 anos sentado à margem setentrional do Lago de Genesaré. As primeiras estrelas começam a piscar. O lago se encrespa. O vento chega das colinas de Golã. Ouço as palavras de Jesus, repletas de amor, sobre a confiança em Deus, em Suas palavras e em nós mesmos. "Sou teu anjo da guarda. Teu amigo. Confia em mim", ouço interiormente Jesus dizer.

"Confiança" é a palavra mágica da sua doutrina. Ali, em seu lago, em meio à natureza exuberante, sinto o amor de Jesus pelos animais, pela relva, pelas flores, por nós, seres humanos; sinto sua confiança na vida eterna e sua certeza de que o bem — portanto, Deus — vencerá por fim.

Por ocasião de uma entrevista à BBC, em 1957, perguntaram a C. G. Jung: "O senhor acredita em Deus?" Sua resposta jesuânica: "*I don't need to believe. I know*" [Não preciso acreditar. Eu sei].

Há dois mil anos, as pessoas procuravam por João para serem batizadas no Jordão, pois temiam Deus. Culpa e reações de medo eram sentimentos dominantes. No entanto, em seu batismo, Jesus "viu o céu se abrir" e "ouviu a voz de seu Pai: "Tu és meu filho amado!"

Nesse momento, nascia uma nova época. A era da confiança podia começar. Segundo Jesus nos conta em muitas histórias e parábolas, Deus simplesmente deseja que todos os seres humanos amadureçam a partir da experiência do conhecimento para que alcancem o bem-estar e a felicidade. O humanitarismo das pessoas é fundado com o humanitarismo de Deus.

16.
O bem vence o mal

*"Desde a época de João
faz-se violência ao Reino de Deus!
Mas os que a cometem serão vencidos por Ele."*
(Mt 11,12 / Lc 16,16 RV)

O Reino de Deus existe desde que Jesus cura, ensina e expulsa demônios. Ele próprio estava convencido disso, conforme demonstra o capítulo anterior. No entanto, os homens de Satanás são ainda mais poderosos: decapitam João Batista e crucificam Jesus. Porém, Jesus tem a firme convicção de que, por fim, o bem e o divino vão vencer. Incluídos os revezes. É assim que acontece, mesmo que até hoje a maioria dos teólogos cristãos atribua a Jesus o fato de que infelizmente ele se teria enganado quanto à chegada iminente do Reino de Deus. Paciência é uma virtude jesuânica. Em algum momento, a não violência será mais forte do que toda espécie de violência: "Os que cometem violência serão vencidos". Jesus tem certeza disso. Nos capítulos anteriores, ficou claro que o desenvolvimento de toda a história da humanidade confirma o otimismo de Jesus. Historicamente, seu otimismo mostra-se como realismo. Vale a pena colaborar com esse desenvolvimento. Esse é o sentido e a missão de nossa existência.

17.
Existe o demônio?

*"Se expulso os demônios
pelo dedo de Deus,
certamente a vós é chegado
o Reino de Deus."*
(Lc 11,20 /Mt 12,28 RV)

Para Jesus e sua época, por certo o diabólico, os demônios, o mal ou Satanás eram seres espirituais. Nesse meio-tempo, o diabo e os demônios usaram essencialmente dois truques para disfarçar a existência deles para nós, homens modernos. No truque número um, eles não existiriam em absoluto; no truque número dois, se de fato existirem, então o fazem em outra pessoa, não em nós.

O grande tema de Jesus é o Reino de Deus, o contraprojeto do diabólico. Ele fala a respeito da expulsão do demônio a dois escribas, vindos de Jerusalém para colocá-lo à prova. Haviam-no acusado de estar mancomunado com o diabo. Seu povo, os líderes políticos e religiosos e até mesmo parte de seus amigos sonhavam com um reino político e material, mas Jesus, com um reino espiritual de Deus.

Fazendo uso apenas de sua palavra, conseguira repetidas vezes expulsar os demônios de pessoas endemoniadas — para ele, uma indicação divina e o início do Reino espiritual de Deus neste mundo. Demônios eram seres espirituais existentes, que a mando de Satanás e como seu instrumento invadiam pessoas indolentes e sedentas de poder e podiam exercer seu domínio sobre elas.

18.
O fundamento espiritual da nossa vida

"Todo aquele que ouve minhas palavras
e as segue
é semelhante a um homem prudente,
que edificou sua casa sobre a rocha.
Sopraram os ventos, caiu a chuva,
vieram as enchentes e investiram contra a casa.
Ela, porém, não caiu, porque estava edificada sobre a rocha.
Todo aquele que ouve as minhas palavras
e não as segue
é semelhante a um homem insensato,
que edificou sua casa sobre a areia.
Sopraram os ventos, caiu a chuva,
vieram as enchentes e investiram contra a casa.
Ela caiu porque estava edificada sobre a areia."
(Mt 7,24-27 RV)

Se o leitor consultar esse texto na clássica Bíblia doméstica, traduzida a partir do grego, e compará-lo com a nova tradução acima, feita a partir do aramaico, não encontrará grande diferença de conteúdo. No entanto, a poesia na língua de Jesus, aqui demonstrada, é muito impressionante e fácil de compreender. Percebemos claramente o que nos faltou nas traduções realizadas até o momento.

O que Jesus conta nessa parábola de rocha, casa, chuva, areia e vento é uma história repleta de símbolos. A esse respeito, diz Günther Schwarz: "A *casa* representa a vida, a existência e o destino do homem, pelos quais ele tem de assumir a responsabilidade e que ele mesmo constrói tal como são e de acordo com a liberdade que tem para tanto. A *rocha* simboliza durabilidade, solidez, firmeza e confiabilidade. Serviu a Jesus para representar um fundamento seguro para a vida, em meio às incertezas deste mundo. Em contraste com a simbologia própria a cada elemento, aqui os *ventos*, a *chuva* e as *enchentes* aludem a forças de resistência, mais especificamente a forças espirituais (ventos) e forças materiais (chuva e enchentes). A *areia* simboliza inconstância, condescendência, volubilidade e inconfiabilidade. Serviu a Jesus para representar um fundamento inseguro para a vida, em meio às incertezas deste mundo. O significado desses símbolos (e de outros que ainda se seguirão) foram retirados de dicionários especializados no tema; portanto, não foram inventados arbitrariamente".

Quem conhece a variada geografia da Galileia não se surpreende ao encontrar um "Sermão da Montanha" em Mateus, um "Sermão do Lago" em Marcos e um "Sermão do Campo" em Lucas. Às margens do Lago de Genesaré, entre Betsaida e Magdala, entre Cafarnaum e Tabgha, onde Jesus teve seus maiores êxitos de cura, vivenciei na primavera uma espécie de "quinto Evangelho". Assim, Bargil Pixner, padre beneditino e conhecedor da Galileia, descreveu apropriadamente a pátria de Jesus. É possível intuir a paisagem da alma de Jesus junto ao Lago de Genesaré. A natureza em um êxtase de cores, como em Joseph von Eichendorff, "como se o céu tivesse beijado a terra em silêncio".

Cafarnaum era "sua" cidade; Genesaré, "seu" lago. Ali ainda é possível sentir a geografia de sua história de salvação. Ali, muitos foram até ele: pescadores, lavradores, trabalhadores diaristas, donas de casa, mendigos, doentes, escravos, artesãos e comerciantes. Foi a eles, e não aos privilegiados e premiados, que ele mostrou seu Deus, que sente compaixão por quem sofre e misericórdia pelos pobres e que cuida dos aflitos. Ali, geralmente estava em má companhia.

A influência que as palavras de Jesus exerciam em seus ouvintes às margens do Lago de Genesaré e no Monte das Bem-Aventuranças encontra-se ao final do "Sermão da Montanha".

19.
Todos ficaram espantados

"Todos ficaram espantados.
Alguns perguntavam: o que é isso?
Uma nova doutrina?
Outros diziam: ele tem plenos poderes!
Ele comanda os demônios!
E eles lhe obedecem!"
(Mt 7,28-29 RV)

Uma nova doutrina! Ele tem plenos poderes! Fala em nome de Deus como nunca ninguém o fizera antes! Comanda os demônios em nome de Deus! Por isso podemos confiar em Jesus.

Esses dois versículos ao final do Sermão da Montanha, no Evangelho de São Mateus, tornam mais clara do que qualquer outra passagem no Novo Testamento a influência que Jesus exerceu e exerce: ele faz tudo oscilar; abala, fascina e perturba. Seus ouvintes ficam fora de si. Quer se trate de dinheiro ou de poder, de religião ou de política, de direito penal ou do exército, de preceitos matrimoniais ou do *ethos* profissional: todo o convívio da humanidade até o momento é questionado. Esses dois versículos comprovam que o Sermão da Montanha de Jesus, os capítulos 5 a 7 do Evangelho de São Mateus, contêm o texto mais significativo e fundamental de toda a literatura da humanidade. Esse Jesus simplesmente derruba qualquer um! Seu Sermão da Montanha quer gerar confiança onde até então predominava o medo, quer encorajar para a vida onde até então havia a morte, e quer possibilitar a verdade onde até então reinava a mentira.

E a única razão que Jesus oferece e propõe para essas imensas pretensões é a seguinte: podeis confiar em Deus, meu e vosso Pai. Não há lei, nem preceito, nem mandamento, nem vigias da fé, tampouco guardiões da moral: apenas amor, bondade e confiança. Esquecei as projeções que fizestes sobre Deus até o momento, sobre vós próprios e sobre os homens! Uma mensagem bombástica! O tempo da alienação e da heteronomia acabou. Podeis ser livres se quiserdes. Podeis arrancar os grilhões do medo: "Ampliado seja o Teu Reino", foi o que nos ensinou em seu "Pai-Nosso". Se compreendêssemos isso, seria o final de toda ditadura: particular, política, profissional e social. Segundo Eugen Drewermann: "E todo o espectro de um mundo de medo impiedoso e de uma impiedade amedrontada seria suprimido e se tornaria o início de uma manhã que nunca mais terminaria".

Na metade do Sermão da Montanha, Jesus ensina seus amigos a orar.

20.
O Pai-Nosso aramaico de Jesus

"Abba!
Santificada seja a Tua presença!
Ampliado seja o Teu Reino!
Seja feita a Tua vontade!
Permite que recebamos nosso alimento!
Que nossos pecados sejam perdoados!
Livra-nos da tentação. Amém."
(Mt 6,9-13 / Lc 11,2-4 RV)

Nessa oração bem conhecida pela humanidade, Jesus nos ensina que seu Pai está sempre disponível. Ninguém precisa se preocupar, achando que o contatou fora de seu horário de atendimento. Sem nenhuma dúvida, essa oração é jesuânica na forma, no conteúdo, na concisão, na simplicidade e na precisão. Deus é um pai amoroso, sua presença deve ser santificada, e temos de colaborar com a ampliação de seu Reino por meio de nossa ação. Temos de perdoar e apaziguar. O querer e a vontade divina são o bem dos homens. Podemos pedir aquilo de que precisamos diariamente.

Sem sentenças carolas nem blá-blá-blá inútil. Segundo Günther Schwarz, uma "pérola da poética semítica". O fato de Jesus tratar Deus como Pai também deixa claro que ele nunca se viu como Deus, e sim como "filho de Deus". Jesus torna a manifestar essa ideia nas palavras posteriores, como na declaração seguinte:

21.
Jesus não se vê como Deus

"*Como* Abba *tem a vida em si mesmo,
assim deu a mim a vida em* MIM *mesmo.*"
(Jo 5,26 RV)

Segundo essa declaração de Jesus, sua relação com Deus é de pai e filho, portanto, são parentes. Jesus nunca foi o próprio Deus. Não era megalomaníaco.

Trata-se, antes, de uma observação, de uma revelação de Jesus a seu círculo mais estreito de discípulos. "A vida em si mesmo" significa imortalidade. Deus produz a partir de si mesmo uma espécie de *big-bang*, que transmite a ele, seu filho. Um raciocínio extraordinariamente original, que exclui toda fonte não jesuânica.

22.
Deus é espírito

"*Deus é um ser espiritual!*
E os que quiserem adorá-lo
têm de fazê-lo espiritualmente! [...]
Um ser espiritual inspira onde é possível;
e o que ouves é apenas uma voz.
Mas não sabes de onde vem
nem para onde te leva."
(Jo 4,24 / Jo 3,8 RV)

Por que devemos servir espiritualmente a Deus? Porque ele não reside em nenhum dos templos de pedra construídos pela mão humana. E o que significa servir? Significa colocar ativamente em prática a vontade de Deus e não o adorar passivamente.

O que Jesus disse sobre Deus e espírito é análogo à constatação do físico e Prêmio Nobel Max Planck: "Como físico, portanto, como homem, que durante toda a sua vida serviu à ciência objetiva, à pesquisa da matéria [...] Após as pesquisas sobre o átomo, digo o seguinte: não existe matéria em si [...] Toda matéria surge e consiste apenas em uma força, que faz as partículas atômicas oscilarem e as mantém unidas até no mais ínfimo sistema solar do átomo [...]. Esse espírito é a base primordial de toda matéria. Não a matéria visível, mas aquela efêmera é a real, a autêntica, a verdadeira (pois, como vimos, a matéria não existiria sem esse espírito); o espírito invisível e imortal é o verdadeiro. Porém, como não pode haver espírito em si e todo espírito pertence a um ser, temos necessariamente de aceitar seres espirituais. E como seres espirituais tampouco podem existir a partir de si mesmos, mas têm de ser criados, não temo nomear esse criador enigmático tal como o nomearam todas as antigas civilizações da Terra nos últimos milênios: Deus!"

Hans-Peter Dürr, professor e especialista em física quântica, morto em 2014, escreveu o livro *Es gibt keine Materie* [Não Existe Matéria]. Segundo ele, a matéria seria simplesmente "o espírito coagulado, enrijecido". Haveria apenas uma estrutura de relações, uma mudança constante, vitalidade. O espírito também estaria presente nos menores vestígios, por exemplo no elétron. O primado do espírito é judicioso, se pensarmos que os átomos da mesa à qual escrevo este livro estão proporcionalmente bem mais distantes uns dos outros do que a Terra do Sol. Esta mesa, este computador, meu corpo, toda a matéria, tudo é feito de vazio! Os minúsculos núcleos atômicos, bem como os elétrons, os prótons, os nêutrons e os quarks, ainda menores, estão separados por espaços intermediários milhares de vezes maiores, que se reconstroem e tornam a desaparecer continuamente. Se os físicos pesquisarem mais a fundo os núcleos atômicos, descobrirão apenas o vazio! A fonte de toda matéria é a força espiritual. E as forças espirituais podem nos dar asas e conduzir a consequências e resultados surpreendentes.

Segundo Albert Einstein, a matéria é uma forma diluída de energia. Georg Wald, Prêmio Nobel de Fisiologia, conclui: "O espírito não é um efeito tardio da evolução da vida; ao contrário, sempre existiu [...] como fonte e pré-condição para nossa realidade física. O espírito criou um universo físico, que, por sua vez, produziu a vida; e é desse modo que se desenvolvem, por fim, os seres vivos dotados de consciência e capazes de criar".

"Deus é espírito" – espírito de uma energia inimaginável. Tudo o que existe é uma emanação, uma vibração de Deus, e Deus, como já demonstrado, é energia. Energia em diferentes formas e consistências.

23.
Seria o Sermão da Montanha uma falsificação?

Estudei teologia por alguns semestres, mas nunca ouvi dizer que Jesus se apresentou como poeta. Günther Schwarz tampouco soubera de algo semelhante durante seus estudos. Mais tarde, após anos pesquisando a língua aramaica e a poesia aramaica de Jesus, escreveu: "Afirmo: se o texto do Sermão da Montanha, do Novo Testamento como um todo, fosse impresso como um poema, ou seja, em versos, qualquer um — e, obviamente, também os teólogos — reconheceria sem dificuldade a forma poética. Não apenas isso, mas também, pelo variado comprimento dos versos, perceberia aqui e ali que há algo errado. Veria que ora se acrescentou, ora se omitiu alguma coisa, sem nenhum critério. E se perguntarem como aqueles que outrora redigiram esse livro, tal como hoje o conhecemos, ousaram fazer isso, a resposta será: a forma poética é clara, inequívoca e formulada de modo que não se pode cancelar nem acrescentar uma palavra sequer sem destruir o texto. Por conseguinte, se cada um de vocês reconhecesse acréscimos como acréscimos, omissões como omissões, o resultado seria [...] que a mensagem transmitida pelas igrejas não é a mesma transmitida por Jesus.

Teólogos fizeram acréscimos nas passagens que lhes interessavam ou omitiram partes que não despertavam seu interesse. Com isso, obviamente, a verdade e a clareza foram prejudicadas. Encerro esta exposição com uma pergunta à sua consciência: vocês acham correto que a propriedade intelectual de um homem como Jesus de Nazaré seja alterada pela tradição, de maneira que o autor Jesus tivesse de dizer: "Não subscrevo isso, pois não foi o que eu disse"?

O Sermão da Montanha nunca existiu da forma como o lemos em Mateus. É uma coletânea de sentenças e declarações de Jesus, que ele proferiu em diversos lugares, em diversas épocas e para diversas pessoas em seu aramaico ocidental da Galileia. Em um espaço exíguo, encerra a soma de sua mensagem e, por isso, é a "Carta magna" do cristianismo. Porém, é a cópia de muitas cópias. E a cada uma os erros se insinuam. Também aqui não se trata de um texto original em aramaico, e sim de um conteúdo traduzido do aramaico para o grego por volta do ano 250. Por isso, Günther Schwarz conclui: "As palavras do Sermão da Montanha revelam seu significado original apenas na versão original em aramaico". E acrescenta: "Dois terços das traduções do Sermão da Montanha, realizadas até o momento, contêm erros".

Seguem agora dois exemplos de traduções do Sermão da Montanha com graves erros de tradução.

24.
Pedir com persistência, buscar com persistência, bater com persistência

"*Se pedísseis com persistência,*
Abba vos daria.
Se buscásseis com persistência,
Abba vos faria encontrar.
Se batêsseis com persistência,
Abba vos abriria."
(Mt 7,7 RV)

Costumamos acreditar que basta um breve pedido para o Papai Noel realizar nossos desejos ou ganharmos na loteria. No entanto, a maioria das pessoas que já oraram em vão sabe quão frustrantes podem ser um pedido e uma oração sem efeito.

Na tradução ecumênica da Bíblia na língua alemã, feita a partir do grego, a locução "com persistência" é suprimida três vezes da passagem acima do Sermão da Montanha. Pedro descobre o que Jesus quis dizer com essa expressão ao lhe perguntar: "Mestre, quantas vezes devo perdoar meu irmão se ele pecar contra mim? Até sete é suficiente?" Jesus responde: "Não até sete, mas setenta e sete vezes" (Mt 18,21-22 RV). Setenta e sete vezes significa sempre, com persistência e de maneira duradoura. Jesus não consentiu com uma limitação da disposição para o perdão.

25.
Sem discriminar as mulheres

"*Soubestes o que Abba ordenou aos antigos:
não cometerás adultério!
Eu, porém, vos digo:
todo aquele que deliberadamente repudiar sua mulher
estará cometendo adultério!*"
(Mt 5,27-28 RV)

Na tradução ecumênica da Bíblia na língua alemã, feita a partir do grego, essa passagem do Sermão da Montanha foi carregada de uma conotação sexual que não corresponde à intenção do mestre: "Ouvistes que foi dito aos antigos: não cometerás adultério. Eu, porém, vos digo: todo aquele que lançar um olhar de cobiça para uma mulher já adulterou com ela em seu coração". Seria possível que o Jesus humanitário fosse um fundamentalista ou moralista? Ele nos chama, antes, a atenção para uma ética que protege as mulheres de homens moralistas e hipócritas. Recusa categoricamente a discriminação das mulheres.

26.
Homem, és como um campo fértil

"*Ouvi!*
Vede! Um semeador saiu
para semear suas sementes.
Algumas caíram pelo caminho.
Então vieram as aves e as comeram.
Outras caíram em pedregais.
Então nasceu o sol e as queimou.
Algumas caíram em espinhos.
Então os espinhos cresceram e as sufocaram.
Outras caíram em boa terra.
Então germinaram, cresceram e deram frutos.
Quem tiver ouvidos,
que ouça para compreender!"
(Mt 13,3-9 / Mc 4,3-9 / Lc 8,5-8 RV)

Jesus era um minucioso observador da natureza. Suas histórias estão repletas de grandiosas imagens ecológicas. Ele também nos sugere observar o "milagre" da Criação. Trata-se aqui do grande milagre de uma pequena semente. Mesmo com toda a sua inteligência, nenhum cientista é capaz de fazer uma semente crescer. Ela cresce "por si mesma", diz Jesus no Evangelho de São Marcos: "Porque a terra por si mesma frutifica". Nada falou a respeito de química, pesticidas e fungicidas.

Na época, cerca de 70% do 1,25 milhão de pessoas na Palestina ocupava-se da agricultura. Vivia da lavoura, da criação de gado, da vinicultura, da produção de azeite e da pesca no Lago de Genesaré. A Palestina era a terra do trigo, da cevada, do vinho e do azeite. Os homens confiavam no crescimento natural e em conformidade com a Criação.

Nesse ambiente estruturado em torno da agricultura e da pesca, Jesus narrava suas parábolas para a melhor compreensão de sua doutrina sobre o Reino de Deus — por exemplo, a história mencionada acima sobre o incansável semeador e o caminho, os pedregais, os espinhos e o campo fértil. A vida real é igualmente variada. Para que seus muitos ouvintes pudessem compreendê-lo melhor, subiu em um barco no Lago de Genesaré e a partir dele falou, enquanto o "povo" o ouvia da terra firme. Inicialmente, deve ter lembrado a todos que os ocupantes romanos desprezavam esse povo judeu de lavradores, tal como faziam os religiosos presunçosos da Judeia e da Galileia. "Aos olhos deles, sois a última roda do carro", poderia ter dito.

"Mas vos digo algo bem diferente: sois como um campo fértil, no qual crescem alimentos e recursos para a vida. Nesses campos férteis podeis ver como sois realmente valiosos. Pois, sem alimento neles, não há vida!" Jesus lembra a seus ouvintes que toda forma de vida neste planeta depende de 25 a 30 centímetros de camada fértil de terra. Sem um solo fértil não há civilização: não há vinho, nem trigo, nem pão, nem manteiga, nem farinha, nem refeição, nem relva, nem rosa, nem flora, nem fauna, nem água limpa.

Quando se viu novamente sozinho com seus amigos, eles lhe perguntaram qual seria o sentido dessa história. Então, ele lhes explicou: a semente é a palavra de Deus. Pelo *caminho*, a semente cai entre aqueles que ouvem a palavra de Deus, mas deixam-se novamente persuadir pelo diabo. A palavra de Deus cai nos *pedregais* quando é recebida com alegria pelos homens, mas neles não cria raízes. Por não terem profundidade, estabelecem falsas prioridades. A palavra do Reino de Deus cai entre os *espinhos* quando chega àqueles que, embora a ouçam, deixam-se distrair pelas preocupações com o dinheiro. Estes também não têm maturidade para o Reino de Deus. Pensam em curto prazo. A semente só cai em solo fértil entre aqueles que ouvem a palavra de Deus e a seguem permanentemente com todo o coração. Neles pode trazer numerosos frutos.

Deus nos criou porque tinha um plano determinado para nós. Não estamos aqui sem planejamento nem dignidade. E Jesus é paciente. Além disso, observou muito bem as condições da agricultura na Palestina. Era um realista, conhecia nossos abismos, nossa falta de profundidade e nossa dureza, mas também nossa fertilidade. É em Deus, o "semeador da eternidade" (Eugen Drewermann), que devemos confiar. Mas não com uma linguagem de ameaça, que apenas causa mais medo, e sim com uma história repleta de confiança, mais forte do que os "cardos" e os "espinhos" da vida. Assim se alcança o coração dos homens. A semente cresce porque o Reino de Deus surgirá no lugar em que estivermos. O homem pode crescer a partir da semente que alguém criou através dele. Porém, nós mesmos é que temos de semear.

27.
Discussões em vez de harmonia

"*Não vim
para fazer acordos!
Vim para
conduzir discussões.*"
(Lc 12,51 / Mt 10,34 RV)

Por esses versículos, fica claro o que traduções errôneas podem provocar. Na tradução ecumênica da Bíblia na língua alemã, adotada tanto pela Igreja Católica quanto pela evangélica, essas palavras de Jesus foram traduzidas da seguinte maneira no Evangelho de São Mateus: "Não penseis que vim trazer paz à terra. Não vim trazer a paz, mas a espada".

É difícil imaginar uma interpretação mais errônea das palavras de Jesus. O pacifista do Sermão da Montanha teria convocado todos à luta com a espada, ou seja, à guerra?

Seria Jesus um precursor do "Estado Islâmico", o EI, cujos defensores também se referem a "espadas" no Alcorão e levam essas palavras tão a sério que com a espada decapitam quem pensa de modo diferente? Por que até hoje esse terrível discurso da espada é colocado na boca de Jesus? Ou será que ele não era nenhum pacifista? Com essas "traduções" justificaram-se cruzadas, guerras e assassinatos em nome de Deus e de Jesus. Só que tudo isso nada tem a ver com o Jesus que existiu de fato.

Esse discurso da espada encontra-se no mesmo Evangelho em que Jesus, com seu Sermão da Montanha, beatifica os pacificadores e encoraja o amor pelo inimigo. Por que há dois mil anos a Igreja ignora essa total contradição? Por que ninguém tentou ao menos explicá-la? Até hoje, nada. Como uma Igreja quer ser digna de confiança se transmite a seus seguidores um absurdo como esse? Não é de admirar que cada vez mais pessoas se afastem dela, horrorizadas, balançando a cabeça ou sentindo indiferença. A atitude da Igreja é repugnante e nem um pouco atraente.

A isso se acrescenta o fato de que hoje esses erros fatais de tradução acirram o conflito religioso entre muçulmanos e cristãos. Na luta pela verdadeira religião, críticos do Islã apontam trechos precários do Alcorão como "guerra santa", e muçulmanos se vingam indicando as supostas palavras de Jesus sobre a espada.

Desse modo, em vez de as igrejas e as faculdades de teologia finalmente refletirem sobre o Jesus "aramaico", ele continua sendo aviltado por essas "traduções".

Jesus queria provocar, e conseguiu. Não era um harmonizador inofensivo. Quem quer harmonia sempre consegue alcançá-la. Mas Jesus foi parar na cruz. Era tudo ou nada! Esse era seu lema. Ou uma coisa, ou outra! Esse era Jesus. Seus discípulos, aos quais ele discorria, ficaram chocados.

Certo dia, Jesus anunciou aos apóstolos que retornaria à Judeia. Eles reagiram com preocupação, o que era compreensível: "Rabi, ainda agora os judeus procuravam apedrejar-te, e retornas para lá?" (Jo 11,8). Mas Jesus não queria esquivar-se de nenhuma discussão. Quem dera as igrejas, em seu conformismo com a autoridade secular, tivessem aprendido alguma coisa com essa disponibilidade para a discussão! Seriam muito mais dignas de confiança. No entanto, no máximo desde o século IV d. C, as autoridades eclesiásticas mostram-se mais como o óleo que lubrifica as relações dominantes do que aquilo que Jesus recomendou a seus seguidores: "Conduzi discussões, mas não vos acomodai!"

Contudo, qual seria a tradução correta do suposto discurso da "espada"? Ele aparece não uma, mas três vezes no Novo Testamento oficial. Com efeitos devastadores para a tradição das traduções.

28.
Deveriam os cristãos comprar espadas?

"A partir de agora:
quem tiver bolsa,
que a traga!
E quem tiver alforje,
que o traga!
Quem não tiver o que comer,
que venda seu manto
e compre o que comer!
Eles responderam: Mestre, vê! Duas facas."
(Lc 22,36-38 RV)

Este texto, retrovertido do aramaico, tem uma leitura completamente diferente no Novo Testamento, segundo a qual Jesus teria dito a seus amigos: "Agora, porém, quem tem bolsa, tome-a, como também o alforje; e o que não tem espada, venda a sua capa e compre uma". E agora? A "espada" de Jesus ou as "duas facas" dos apóstolos?

No Novo Testamento, encontramos as informações mais fidedignas sobre Jesus de Nazaré, dizem os teólogos cristãos e afirmam as igrejas. No entanto, é justamente disso que Günther Schwarz suspeita e, depois de ter estudado a fundo, durante décadas, a língua materna de Jesus, reconhece: "Nada é fidedigno nos Evangelhos". O estudioso de Jesus escreve isso "sem levar em conta as opiniões que se formaram em quase dois mil anos". Schwarz não trata de dogmas, e sim da verdade, que ele pesquisou como quase nenhum outro.

Com base em suas reflexões, pode esclarecer: no aramaico, a palavra para "espada" e "faca" é a mesma: *sepha*. Como tantos termos aramaicos, esse é polissêmico. Obviamente, pregadores ambulantes e pobres como Jesus precisavam de facas, do contrário morreriam de fome. Era disso que Jesus os lembrava. Discípulos e facas combinam, discípulos e espadas, nunca.

Essa explicação é plausível. Em 1983, não tive dúvidas a respeito e já na época inseri essa descoberta em meu livro *Frieden ist möglich. Die Politik der Bergpredigt* [A Paz é Possível. A Política do Sermão da Montanha]. No entanto, vários professores de teologia contestaram essa informação em outros livros, indicando o apelo de Jesus mencionado acima, em relação à espada. "Jesus não era nenhum pacifista", disseram. Afinal, ele exortava seus discípulos a se defenderem com a espada. Foi o que ouvi, com toda a seriedade, de professores de teologia! Obviamente, em Jesus, não se trata de forma alguma da compra de espadas ou de qualquer outra arma, mesmo que ainda hoje esse absurdo ultrajante se encontre em mais de 4 bilhões de Bíblias espalhadas pelo mundo.

Como nós, cristãos, podemos acusar os muçulmanos de terem uma "religião da espada" e uma "religião da violência" se em nossas "Escrituras Sagradas" encontra-se a mesma bobagem ímpia e irresponsável?

29.
Agir em vez de falar

"Amém! Amém! – Devo dizer-vos:
Nem todo aquele que disse 'Abba!'
poderá entrar no Reino dos céus!
Apenas aquele que fez a vontade de Abba
poderá entrar no Reino dos céus!"
(Mt 7,21 RV)

Com "Amém! Amém! – Devo dizer-vos", Jesus quer enfatizar a importância de suas palavras a seus discípulos, chamando a atenção para como é inspirado por seu *Abba*: não se deve subestimar a condição para ser admitido no Reino dos céus!

Como alguém realista e conhecedor do ser humano, Jesus sabe que o convívio de milhões de pessoas na Terra nem sempre é fácil. Em sua época viviam cerca de 250 milhões de pessoas em nosso planeta. As forças de ocupação romanas dominaram e reprimiram brutalmente os judeus na Palestina. Direitos humanos nada valiam, mulheres e crianças não eram pessoas plenas, animais não tinham direitos. Os cidadãos romanos eram vistos como seres superiores. Porém, Moisés e os profetas haviam exortado os judeus a mais humanidade, e os Dez Mandamentos já estavam em vigor. Nessa situação, Jesus sugeriu um novo humanismo e outra religião, que não traria mandamentos nem proibições, e sim bondade e disponibilidade para o perdão. A ética do "dente por dente" ou do "olho por olho" deveria ceder lugar ao "amor pelo inimigo". Esse era um novo critério ético. A necessária vontade consciente e um autocontrole constante. O esforço consciente seria a condição para entrar no Reino dos céus. Um ser consciente, portanto, um agir consciente são decisivos, e não a confiança cega na legitimidade de sacramentos eclesiásticos.

Muito importante e especialmente escandaloso foi — e ainda é — a seguinte postura de Jesus: não faz muito sentido criar problemas para nós mesmos, como no caso da mudança climática, e depois cobrir Deus de orações e pedir-Lhe para resolver esses problemas para nós. *Deus tem apenas as nossas mãos.* E nós temos toda a liberdade para nos comportar de modo inconveniente. Seremos julgados de acordo com nossas ações, não conforme nossas frases devotas.

30.
O exame de maturidade

"Amém! Amém! – Devo dizer-te:
sem passar por um teste,
não se pode entrar no Reino dos céus!"
(Tertuliano, Sobre o Batismo 20,2 RV)

Mais uma vez, um "Amém! Amém!" com determinação, destinado a Simão Pedro. O contexto deixa claro que Jesus dirigia essas palavras a Pedro, ao sair do local da última ceia e ir para Getsêmani. Ele complementa o termo "Amém!" precedente com a indicação central de um "exame de maturidade" para se entrar no Reino dos céus.

Segundo Mateus 16,19, apenas Jesus decidirá sobre a entrada no Reino dos céus, e não um confessor ou um papa. Na Transfiguração de Jesus no Monte Tabor, uma voz vinda do céu, ou seja, Deus, fala a Jesus na presença de seus confidentes Pedro, João e Tiago: "A ele darei as chaves do Reino dos céus. Que o Reino dos céus esteja fechado a quem *ele* fechar, e aberto a quem ele abrir". A pessoa referida é Jesus, e não Pedro, conforme se encontra na tradução ecumênica da Bíblia na língua alemã. Trata-se de uma fala de Deus a Jesus, que, no entanto, posteriormente foi reinterpretada como uma fala de Jesus a Pedro. Nessa adulteração, que Günther Schwarz revela em detalhes, baseia-se todo o poder do papado – que não é pouco (ver Capítulos 90 e 91). Logo em seguida, Pedro nega três vezes seu mestre. Pouco antes, havia assegurado solenemente: "E mesmo que todos te abandonem – não te abandonarei! E mesmo que eu tenha de morrer contigo – não te negarei" (Mt 26,33,35 RV). Pedro não passou no "exame de maturidade". Também foi obrigado a reconhecer que palavras fortes não são muito úteis, mas apenas uma ação que corresponda a elas.

Como ninguém, Günther Schwarz demonstrou de maneira convincente e irrefutável que o papado atual se baseia em uma refinada adulteração. Segundo Mateus 16,19, a voz celestial diz claramente a Jesus, e não a Pedro: "A ele darei as chaves do Reino dos céus. Que o Reino dos céus esteja fechado a quem ele fechar, e aberto a quem ele abrir" (RV). Somente na retroversão para o aramaico essa funesta e refinada adulteração é reconhecida como tal.

31.
O exame de maturidade não é fácil

"*Meus discípulos! Quão difícil é
ter permissão para entrar no Reino dos céus!
Amém! Amém! – Devo dizer-vos:
É mais fácil um camelo passar pelo fundo de uma agulha
do que um grande entrar no Reino dos céus.*"
(Mc 10,24-25 / Mt 19,23-24 / Lc 18,24-25 RV)

Com isso, Jesus não queria dizer que um "rico" – como se lê na tradução ecumênica da Bíblia na língua alemã – não pode entrar no mundo espiritual apenas em razão de sua riqueza. Da retroversão aramaica consta que "um grande" teria muita dificuldade para fazê-lo. Um "grande" representa alguém arrogante, vaidoso, cheio de si, petulante e talvez muitas vezes também rico. Mas Jesus também se deixou convidar por "ricos", sabendo que há aqueles que presenteiam de bom grado e gostam de partilhar seus bens com os outros. Jesus nunca pregou a pobreza, e sim a modéstia. Pregar a pobreza significaria rebaixar as pessoas. Nada estava mais distante de Jesus do que isso. Ele falava, antes, da "plenitude da vida", à qual naturalmente pertence o bem-estar material.

A nosso lar original, ou seja, ao "Reino dos céus", só podemos retornar se formos modestos, humildes e tivermos maturidade. Às vezes, antes de um exame de maturidade, temos de repetir o ano, passar por uma encarnação.

Para as condições de entrada no Reino dos céus, Jesus utiliza um divertido jogo de palavras em aramaico: alguém que se sente "grande" é um *gamlan*, ou seja, um camelo. Escribas também são tratados como *rabi* (grande). Portanto, Jesus quis dizer: é mais fácil um camelo passar pelo buraco de uma agulha do que um escriba, um teólogo, um vigia da fé ou simplesmente uma "autoridade" conseguir chegar ao céu. Com essas imagens e comparações, obviamente ele não fez nenhuma amizade com as "autoridades" da época e de hoje.

Em Lucas 13,24 (RV), o Nazareno é ainda mais claro:

32.
Trata-se de tudo

"Procurai entrar
pela porta estreita!
Amém! Amém! – Devo dizer-vos:
muitos desejam ter a permissão para entrar,
mas é impossível."
(Lc 13,24 RV)

Quem diz isso sabe do que está falando, pois o próprio Jesus é quem decide sobre as condições de entrada no Reino dos céus (ver Mt 16,19 RV), e não o papa ou um "confessor". Na presença de seus confidentes Pedro, João e Tiago, uma voz celestial, portanto, Deus, diz sobre Jesus: "A ele darei as chaves do Reino dos céus. Que o Reino dos céus esteja fechado a quem *ele* fechar, e aberto a quem *ele* abrir". Infelizmente, essa fala divina, dirigida a Jesus, foi reinterpretada como se ele a tivesse dito a Pedro. Como já mencionado, nessa adulteração se baseia todo o poder do papado, conforme nos revela Günther Schwarz de maneira detalhada.

33.
Jesus e o suposto assassino

"Amém! Amém! – Devo dizer-vos:
um dia... estarás
comigo... no Paraíso."
(Lc 23,43 RV)

Com Jesus são crucificados dois suspeitos de assassinato. Um deles fez a Jesus um pedido que pareceu estranho: "Meu Senhor! Lembra-te de mim quando entrares no teu Reino!"

Os evangelistas descreveram a cena do seguinte modo: fora de Jerusalém, no Monte Gólgota, foram erguidas três cruzes. A cada uma estava preso um homem. Na do centro estava pregado Jesus, com uma coroa de espinhos na cabeça. Os dois outros crucificados eram combatentes judaicos da resistência contra Roma, presos durante uma revolta na cidade. Nessa ocasião, teria ocorrido um assassinato. O crucificado à esquerda de Jesus lhe fez o estranho pedido mencionado acima. Por que o teria feito? E o que Jesus respondeu?

O suposto assassino viu em Jesus o ser humano e sua missão divina. E, em conformidade com essa missão, Jesus lhe disse, balbuciando: "Um dia... estarás comigo... no Paraíso". De todo modo, esse crucificado provavelmente participara de um assassinato. Mesmo assim, no espírito de Jesus, passou no "exame de maturidade" e cumpriu os requisitos para entrar no Reino de Deus. Quanto consolo para todos os "pecadores" que se esforçam para tanto!

De resto, segundo Günther Schwarz, as palavras de Jesus a seu vizinho de cruz, universalmente conhecidas e adotadas pelo Novo Testamento oficial (*"Ainda hoje* estarás comigo no Paraíso"), baseiam-se em uma tradução errônea do aramaico para o grego. Ninguém chega tão rápido assim ao céu. Ao que parece, mesmo o "exame de maturidade" precisa do seu tempo.

34.
Jesus e os anjos

"*Amém! Amém! – Devo dizer-vos:*
daqui em diante, vereis
o céu aberto
e os anjos de Deus
subindo e descendo
sobre mim."
(Jo 1,51 RV)

Mais um "Amém! Amém!" de Jesus. Dessa vez, a seus discípulos. É provável que o tenha proferido no início de sua missão, não muito depois de seu batismo. E o que nos diz essas expressões enigmáticas de "céu aberto" e "anjos"?

Pouco antes, João apresentara o recém-batizado Jesus a seus discípulos como o "verdadeiro servidor de Deus" e lhes recomendara unir-se a ele. Para eles, seguir Jesus significou um despertar extraordinário. Um novo chamado. Pedro e André, Filipe e Natanael deixaram tudo para trás a fim de seguir o novo "mestre". Natanael ainda hesitou depois que Filipe lhe revelara que Jesus vinha de Nazaré: "Pode vir alguma coisa boa de Nazaré?" No entanto, Jesus convenceu também a ele com seu "anjo" e a referência ao "céu aberto". Porém, para nós, hoje, os apelos de dois mil anos atrás não são decisivos, e sim *nossa* real situação aqui e agora. O que significam para nós, hoje, o "céu aberto" e "anjos subindo e descendo"? Céu aberto: mostro-vos o caminho para o mundo espiritual, o caminho para o Pai. A diferença entre o céu e a terra é suprimida. Os "anjos" são nossos acompanhantes e nossos intermediários com Deus. Segundo Jesus, até hoje Deus fala conosco por meio de seus mensageiros espirituais. Quando criança, todo ser humano tem algo divino em si. Há uma constante troca entre Deus e o homem. Jesus demoliu o muro que dividia a "parte de cima" da "parte de baixo" e removeu o ferrolho. Tanto antigamente quanto hoje, ele não fornece nenhuma regra de comportamento devoto. Simplesmente diz: "Vinde e vede". Em outras palavras: fazei vossas próprias experiências. Buscai vossos próprios caminhos. Segui vossa própria voz interior. Tirai vossas próprias conclusões. Sonhai com suas próprias visões. Confiai em vossos anjos da guarda, "que sobem e descem"! Em suas palavras de despedida, Jesus ainda prometeu a seus amigos que lhes enviaria seus mensageiros espirituais (ver Capítulo 37).

Segundo nos esclarece, anjos são os mensageiros de uma realidade espiritual diferente e mais profunda. São forças capazes de sustentar uma vida. O homem não vive só de pão. Podemos deixar-nos inspirar por anjos, tal como fez Jesus. Se há dois mil anos era possível uma ligação entre seres humanos e anjos — com Jesus, com os pastores no local de nascimento de Jesus, com José, seu pai, em sonhos —, por que não haveria de ser possível hoje? Seria impossível só porque vivemos na era do racionalismo, em que, aparentemente, os anjos já não encontram lugar?

Na época de Jesus e em todas as épocas, os anjos transmitiram forças que nos superam. Mensagens sempre foram transmitidas nos sonhos, percepções caem do céu, ou anjos aparecem através de visões. Sabemos que em nossos sonhos podem apresentar-se dramas tanto infernais quanto celestiais. Como diretor de seu próprio sonho, todo mundo pode ser seu próprio Dante ou Shakespeare. Pelo menos desde Freud, Jung e Adler sabemos que os sonhos podem dar respostas sensoriais muito concretas para os problemas da vida. Foi o que percebi durante e após uma psicoterapia junguiana, e coloquei no papel centenas de sonhos. Há aqueles que ajudam a pessoa a dormir melhor. Para mim, porém, os sonhos ajudaram a despertar em meio a uma crise na vida. Por isso, serei eternamente grato à força ou ao anjo do meu sonho.

Com palavras semelhantes às de C. G. Jung, Eugen Drewermann diz que os sonhos são a tentativa de ampliar a vida por meio da imaginação. Se aprendermos a prestar atenção às nossas oscilações emocionais ao interpretarmos um sonho, quais lembranças teremos? Quais ideias se anunciam? Quais visões temos ao fazermos determinadas perguntas a nós mesmos? Desse modo, os sonhos podem nos ajudar a solucionar problemas.

Por exemplo, quando passamos muitos anos sonhando que estamos no carro, dirigindo em marcha a ré e os freios falham — como foi meu caso —, então a força do sonho deixa claro que há um perigo iminente. Estamos fazendo alguma coisa na direção errada. O carro somos nós mesmos, como diz a palavra grega *autos*. O sentido de nosso desenvolvimento é avançar na vida, e não recuar sem conseguir parar.

No que se refere ao nascimento de Jesus, há vários sonhos no Novo Testamento. Ao carpinteiro José aparece em sonho um anjo que lhe anuncia o nome de seu filho. A caminho do estábulo em Belém, os três astrólogos "do Oriente" percebem que não podem confiar no rei Herodes, e José descobre em sonho que precisa fugir dele com sua jovem família. A crença de que Deus nos fala em sonho é muito antiga. C. G. Jung chamou os sonhos de "língua esquecida de Deus em nós". Se o pai de Jesus não tivesse dado atenção aos seus sonhos, provavelmente Jesus teria sido morto a mando de Herodes — pelo menos segundo a lenda. A mensagem de paz e amor que mais tarde Jesus transmitiria em seu Sermão da Montanha teria permanecido desconhecida.

Para os poderosos, que estão acostumados a atemorizar seus adversários com soldados e armas, mensagens e mensageiros de paz são sempre perigosos e, por isso, precisam ser combatidos e eliminados.

Eis por que só haverá paz quando as pessoas aprenderem, talvez com seus sonhos, a abolir os medos umas das outras e a construir confiança umas para as outras. Se os poderosos aprenderem a prestar atenção aos seus sonhos, o Evangelho de Jesus poderá ter uma chance bem maior do que tem hoje.

35.
Amigos em vez de dinheiro

"Amém! Amém! – Devo dizer-vos:
Granjeai amigos em vez de dinheiro.
Para que eles vos recebam
Nos tabernáculos eternos."
(Lc 16,9 RV)

Aí, "amigos" representam os anjos, que nos arranjam abrigo no mundo espiritual. São os anjos que esperam por nós, não o dinheiro. E todo mundo sabe: o poder do dinheiro termina, no mais tardar, no leito de morte. Recentemente, é o que se vê em um número cada vez maior de bilionários.

Warren Buffet, 35 vezes bilionário nos Estados Unidos, anunciou que destinaria 99% de seu patrimônio para fins sociais. Não queria chegar "ao cemitério como o homem mais rico". Ou Gottlieb Duttweiler, bilionário suíço, fundador da rede de supermercados Migros, cujo grande grupo empresarial, organizado em forma de cooperativa, já conta com a participação de um em cada três suíços. Durante décadas ele organizou e concebeu sua empresa nas categorias de capital social. Ou ainda Götz Werner, bilionário alemão, fundador de uma rede de drogarias. De pequeno vendedor, transformou-se em diretor de um grande grupo empresarial que emprega cerca de 30 mil colaboradores em 1.500 filiais e defende a introdução de uma renda mínima garantida para todos os cidadãos. Somente então todos poderiam viver com dignidade. Segundo ele, o dinheiro existe para organizar o convívio. O modelo de Werner é o antropósofo Rudolf Steiner. Ainda há que se esclarecer se uma renda mínima garantida para todos — geralmente se fala em mil euros por mês — é mais vantajosa do que auxílios sociais por parte do Estado, como o seguro-desemprego.

Segundo Jesus, a bondade é o único investimento seguro. Ele viveu em uma condição mental bem diferente da nossa hoje — como demonstrado, em contato constante com seu *Abba*, com os anjos e com o mundo espiritual. Para Jesus, ao mundo espiritual obviamente pertencem os seres espirituais, os anjos. Ele sempre deixa claro que não se trata dele próprio: age em nome de seu Pai, também por meio dos anjos.

Mas como recebemos os anjos como amigos? Os quatro Evangelhos estão repletos de indicações úteis. Entre as mais conhecidas alusões de Jesus está sua sentença em Lucas 16,13: "Não podeis servir a dois senhores, Deus e Mamom!"

O Evangelho de São Lucas acirrou esse conflito entre o dinheiro e o espírito. Na realidade, nada nos pertence. Tudo o que temos nos foi confiado por Deus, é um empréstimo do céu, transmitido pelos anjos, ajudantes de Deus. Somos meros administradores e, por isso, temos de prestar contas. Nosso verdadeiro patrimônio é o Reino de Deus. Nossos amigos são os anjos, mensageiros espirituais de Deus, que, por meio de nossa consciência e de nossos sonhos, nos mostram que nossa insaciabilidade de dinheiro e reconhecimento nos arruína, tanto do ponto de vista privado quanto do político: em tempos de capitalismo brutal, todos os dias circulam em nosso planeta cerca de 20 bilhões de dólares, oriundos exclusivamente de especulação – sem nenhum sentido nem razão, pois não apresentam nenhum valor econômico agregado. Despendemos centenas de vezes mais dinheiro com guerras do que com auxílio a refugiados ou com o desenvolvimento. Em toda nota de dólar lê-se "*in God we trust*" [em Deus confiamos]. Porém, há muito tempo essa confiança em Deus se transformou em confiança no dinheiro. E, em vez de dar crédito aos anjos, a Deus ou ao mundo espiritual, acreditamos nos especuladores da Bolsa. Contudo, é melhor considerar as palavras de Goethe em *Fausto*: "Aquele que sempre se esforça com diligência pode ser salvo por nós (os anjos!)".

"Essa economia mata", diz o papa Francisco sobre o sistema econômico capitalista em uma época em que os quatro homens norte-americanos mais ricos do mundo dispõem de mais dinheiro do que um bilhão dos mais pobres. Adoramos o capital e consideramos ridícula a existência de anjos. Há muito tempo transformamos o dinheiro em Deus. Contra essa insanidade existe apenas um antídoto: Jesus nos lembra que tudo o que possuímos nos foi emprestado pelas mãos de Deus. Assim, os anjos de Deus podem "receber-nos nos tabernáculos eternos".

Esse antídoto nos é oferecido em um salmo, que provavelmente o maravilhoso jovem de Nazaré já sabia de cor desde criança: "Senhor, a tua bondade é tão infinita quanto o céu, e a tua fidelidade chega até onde alcançam as nuvens. A tua justiça é como as montanhas de Deus; os teus juízos são profundos como o oceano. Senhor, tu ajudas os homens e os animais. Quão preciosa é, ó Deus, a tua bondade! Os homens se abrigam à sombra das tuas asas e se fartam da riqueza da tua casa. Tu os fazes beber da corrente das tuas delícias; porque em ti está o manancial da vida; na tua luz veremos a luz" (Salmos 36,5-9).

36.
Sereis como anjos

*"Mas os que se tornarem dignos daquele mundo [...]
Já não podem morrer,
pois tornam a ser iguais aos anjos."*
(Lc 20,35-36 RV)

A autoridade com que Jesus fala dos anjos é notável. Quem está autorizado a discorrer desse modo deve ser muito próximo de Deus. Com base nesse conhecimento, ele pode dizer que, um dia, nos tornaremos "como os anjos". Não ressuscitaremos fisicamente; ao contrário, seremos reanimados espiritualmente. Em aramaico não existe a palavra "ressurreição". Portanto, segundo Jesus, o homem é reanimado espiritualmente quando se torna digno, por meio de uma ação consciente, de entrar no Reino de Deus. Na linguagem dos teólogos, o conceito de "ressurreição" significa que o corpo de Jesus foi despertado da morte. Contudo, em aramaico, o termo "reanimação" quer dizer o retorno do corpo etéreo de Jesus para seu corpo material. Somente o conhecimento da relação de nossa existência temporal e material e de nosso eterno ser no mundo etéreo e espiritual de Deus resolve todos os enigmas referentes à culpa e ao destino, à origem do mal, ao sentido e ao objetivo da vida e do sofrimento. Reconduzir nossa existência temporal a um ser eterno certamente requer uma mudança radical na maneira de pensar e agir.

É o que também fica claro na seguinte fala de Jesus sobre os anjos:

37.
Jesus se confessa a nós — por meio dos anjos

"Amém! Amém! – Devo dizer-vos:
Todo aquele que me professar
diante dos homens
eu o professarei
diante dos anjos.
Porém, aquele que me negar
diante dos homens
será por mim negado
diante dos anjos."
(Mt 10,32-33 / Lc 12,8-9 RV)

Portanto, Jesus tinha absoluta certeza de que, na passagem desta para a outra vida, seres auxiliares, os anjos, estariam ao nosso lado. Essa percepção também coincide com muitos relatos de quem viveu experiências de quase morte: anjos, anjos da guarda, seres espirituais esperam por nós. Em nossa época racionalista e materialista, os seres angelicais deixaram de ser familiares como mensageiros de Deus. Esse tipo de materialismo e capitalismo é *a* doença crônica de nossa era.

Obviamente, nossa "profissão de fé" em Jesus não pressupõe nenhuma fidelidade de confissão, e sim uma ação concreta no sentido imaginado por ele, ou seja, em nosso posicionamento quanto aos refugiados, em nosso real comportamento em relação ao meio ambiente, no modo como nos deslocamos e nos alimentamos, passando por investimentos conscientes e éticos até o questionamento político se não seria mais pertinente para o Estado investir 5 bilhões de euros em iniciativas para acabar com a fome no mundo em vez de aplicar esse dinheiro em tanques de guerra e foguetes. Por trás de todas essas questões encontra-se a pergunta decisiva: estamos agindo no espírito de Jesus ou negando seus ideais de um mundo melhor e mais humano? Em nosso cotidiano, nós o professamos ou o negamos com nossa ação concreta? Anjos ou demônio — o que é mais importante para nós?

No que se refere ao tema "anjos", eu mesmo achava essa história um tanto ridícula. Porém, quanto mais me ocupei de Jesus, mais deparei com a existência de anjos. Para muitos de nossos antepassados, os anjos eram uma obviedade. Um rápido olhar pela arte da Idade Média já demonstra esse fato. Quem leva Jesus a sério não escapa dos mensageiros e auxiliares divinos no mundo espiritual.

Foi um mensageiro de Deus que disse a Maria: "Não temas, Maria, pois encontraste graça diante de Deus. Vê! Conceberás e darás à luz um filho. Pôr-lhe-ás o nome de Jesus" (Lc 1,30-31 RV).

Ou ainda, no nascimento de Jesus, um anjo disse aos pastores: "Não temais! Trago-vos novas de grande alegria, que será para todo o povo. Hoje nasceu, na cidade de Davi, aquele que recobrou a vida. Que isto seja um sinal de reconhecimento para vós: achareis um menino envolto em panos e deitado em uma manjedoura" (Lc 2,10-12 RV).

Para Paulo, Jesus é o primeiro anjo no mundo espiritual: "Ele é a imagem idêntica de Deus e o primogênito de todos os seres espirituais. Através dele, Deus cria tudo, e através dele tudo faz viver. [...] Deus quer que por ele seja reconduzida toda a plenitude e por ele seja reconciliado tudo o que há na terra e nos céus" (Cl 1,15-17;19-20 RV).

Por conseguinte, também para Paulo Jesus não é Deus, e sim sua imagem idêntica, que Ele criou "na origem". Isso não significa "no início", como se lê na tradução grega do Evangelho de São João. "No início" é uma expressão que, de imediato, nos leva a perguntar o que havia antes do início. Em aramaico, o início é igual à origem. "Na origem Deus criou o céu e a terra [...]." É muito mais lógico. O termo aramaico não se refere ao início temporal, e sim à origem atemporal. Segundo o testemunho bíblico, antes de se tornar homem, Jesus viveu unicamente como ser espiritual e em proximidade direta com Deus. Por isso era capaz de descrever Deus de maneira tão autêntica. De que outro modo poderia fazê-lo?

Nessas palavras sobre os anjos, também fica claro que, graças a Günther Schwarz, o texto aramaico nos livra dos erros de tradução e dos ornamentos adulteradores e nos presenteia com um novo e verdadeiro Evangelho de Jesus, que para todo pesquisador é um pequeno cofre repleto de tesouros.

Pelo menos desde o Iluminismo, os anjos também tiveram uma existência modesta na teologia. Contudo, hoje são publicados cada vez mais livros sobre o assunto. Segundo Anselm Grün, "nem sempre se tem clareza se eles [os anjos] são seres autônomos ou apenas imagens da presença amável e consoladora de Deus [...] As concepções que associamos a eles são imagens preciosas, ideias de um anseio por um mundo de proteção e leveza, de beleza e esperança".

Não me parece muito importante saber se Deus está ao nosso lado ou se manda seus anjos para nos proteger, como supõe Günther Schwarz na esteira do Jesus "aramaico". Os artistas sempre se deixaram inspirar pelos anjos, e não apenas na Idade Média: Paul Klee, Marc Chagall e HAP Grieshaber.

Anjos são potenciais de energia, capazes de transformar nossa vida e de nos proteger. De vez em quando também ouço adultos, que pretendem não ter mais nenhuma ligação com a Igreja e a religião clássica, dizerem após escaparem de um acidente: "Meu anjo da guarda estava atento". E quantas vezes os apaixonados não dizem um ao outro, nos momentos de ternura: "Você é meu anjo"? O escritor Heinrich Böll cobrou uma "teologia da ternura" e foi atendido com "anjos de ternura".

38.
A ressurreição dos mortos

"*E vede!*
Não há Deus dos 'mortos',
e sim Deus dos 'vivos',
pois todos vivem a partir Dele."
(Mt 22,32 RV)

Jesus se envolvera em uma discussão com os saduceus. Tratava-se de um influente grupo religioso e político, mas que, ao contrário dos fariseus, contestava a existência de anjos e a continuação da vida após a morte. Alguns saduceus fizeram uma pergunta confusa a Jesus: "Mestre! Moisés nos ordenou: se irmãos habitam juntos e um deles morre sem deixar um filho, seu irmão deve casar-se com a viúva e dar um descendente a seu irmão. Viviam sete irmãos. O primeiro casou-se e morreu, sem deixar descendentes. O mesmo aconteceu com o segundo e o terceiro até o sétimo. Por fim, após todos, também morreu a viúva. Na reanimação — caso eles retornem à vida — de qual deles será a esposa, uma vez que todos a desposaram?"

Jesus respondeu: "Na reanimação, depois que Deus os fez retornar à vida, não se casam nem são dados em casamento, mas serão como os mensageiros de Deus (anjos) nos céus. E vede! Não há Deus dos 'mortos', e sim Deus dos 'vivos', pois todos vivem a partir Dele" (Mt 22,23-32 RV).

Portanto, o Pai de Jesus é "um Deus dos vivos", um Deus da garantia de vida.

Nos textos gregos, fala-se sempre em "ressurreição". No entanto, a palavra correspondente em aramaico é "reanimação". A diferença é considerável: "ressurreição" pressupõe um acontecimento no qual a pessoa em questão pode comportar-se de maneira passiva. A "ressurreição" depende de sua fé ou da ausência dela — ocorre sem levar em conta o esforço pessoal. Em contrapartida, a "reanimação" indica que a pessoa em questão tem de ser ativa para ser "reanimada". "Reanimação" significa um auxílio espiritual para ajudar a si mesmo.

Além do amor, a morte é o acontecimento mais importante em nossa vida. Porém, temos muito medo de morrer. Em eventos sociais ou até mesmo em rodas descontraídas de amigos, quando começamos a falar da morte ou apenas de experiências de quase morte, até os melhores amigos emudecem. Atualmente, um grande número de pessoas já não veem a morte como passagem ou mudança, e sim como o fim definitivo ou a catástrofe por excelência.

A morte pode surpreender a todos, quer tenhamos muita, pouca ou nenhuma fé. Sabe-se que por volta de 2 milhões de pessoas na Alemanha que tiveram experiências de quase morte libertaram-se do medo depois de olharem pela primeira vez para o "outro lado" ou para o mundo espiritual. Elas foram reanimadas artificialmente e, muitas vezes, trazidas de volta a esta vida contra a própria vontade. Todas disseram que o medo da morte é infundado.

Elisabeth Kübler-Ross, grande pesquisadora do tema, esteve ao lado de centenas de pessoas à beira da morte. Conheci-a durante a produção de um programa televisivo e com ela aprendi, sobretudo, o seguinte: quem tem confiança não está sozinho. Basta ter esperança, confiança e fé. A psicologia profunda e a neuropsicologia nos ensinam que o medo e a falta de esperança nos fazem adoecer, mas que a confiança e a esperança têm efeito de cura. Por isso, há sempre que se preferir a esperança ao desespero. Essas experiências e indicações também podem fazer com que vivenciemos emoções e prestemos atenção em nossos sonhos. Eu gostaria de um dia não ter de morrer, e sim poder morrer. Um dos meus melhores amigos faleceu há um ano, com 83 anos. Em nosso último encontro, em uma instituição para pacientes terminais, ele me disse, radiante: "Nunca imaginei que morrer pudesse ser tão fácil".

Depois de assistir ao filme com Elisabeth Kübler-Ross, transmitido várias vezes na televisão, muitas pessoas que tiveram experiências de quase morte me relataram que, após essa situação, passaram a viver de maneira mais espiritual, consciente e atenta do que antes.

Se Deus é um "Deus dos vivos", se nos tornaremos como os anjos ou se renasceremos, de que haveremos de ter medo?

A propósito, caro leitor: você acredita em anjos? Enquanto lê estas páginas, está consumindo oxigênio sem o enxergar; no entanto, ele é vital. O mesmo poderia acontecer com a existência dos anjos.

39.
Satanás é o inventor da mentira

"*Satanás foi um anjo em tempos imemoriais:
mas não permaneceu na verdade,
pois nele já não havia verdade.
Quando proferia mentiras,
falava de si mesmo,
pois era um mentiroso e também inventor de mentiras.*"
(Jo 8,44 RV)

O radicalismo dessa linguagem assusta. Sem nenhum preâmbulo, Jesus afirma: o diabo existe. É uma realidade. Às vezes, ouço de cristãos devotos que é preciso "ter cuidado" e que não se pode causar escândalo. Jesus teve cuidado? Se não tivesse causado escândalo, nós o teríamos esquecido há muito tempo.

Para a existência do Maligno, há um exemplo atual e aparentemente inofensivo na língua alemã: muitas vezes, o termo *Gutmensch**

---

* Termo geralmente usado com ironia e de maneira depreciativa para designar alguém politicamente correto e que apresenta um comportamento altruísta. [N. da T.]

é empregado como ofensa. Em 2016, chegou a ser eleito "a palavra mais feia do ano". Uma satânica confusão linguística. *Gut* [bom] mais *Mensch* [pessoa] seria igual a "ruim". O truque diabólico é que *Gutmenschen* [boas pessoas] são responsabilizadas por tudo o que há de ruim. Pelo menos desde o *réveillon* de 2016, quem ajuda e acolhe refugiados na estação central de Colônia também é tachado de *Gutmensch* ingênuo. Agora fica claro por que em grego o diabo se chama *diabolos*: aquele que põe tudo em desordem e enlouquece as pessoas.

Na esfera cultural cristã, a maioria das pessoas considera Satanás uma invenção religiosa para incutir medo. Para elas, é mais fácil julgar a existência do diabo uma mentira do que o próprio diabo como um mentiroso. No entanto, Jesus nos esclarece: a crença em Satanás não é superstição. No passado, Satanás fora um poderoso ser espiritual, um exímio filho de Deus, assim como Jesus. Porém, não por acaso, esse anjo transformou-se em Satanás, pois é o "inventor" da mentira. Não o "pai da mentira", como se lê na tradução ecumênica da Bíblia na língua alemã. O truque mais refinado do diabo sempre consistiu em nos fazer acreditar que ele não existe.

A mentira é o que há de verdadeiramente diabólico em Satanás e nas pessoas. Por meio dela, nós, seres humanos, passamos a ter um espírito semelhante ao dele. Por causa disso, as pessoas sempre correm o perigo de ser usadas por Satanás para seus objetivos diabólicos, por exemplo, em questões de dinheiro e poder.

40.
Jesus viu a queda de Satanás

*"Observei Satanás
quando ele caiu do céu
como um raio."*

(Lc 10,18 RV)

Jesus critica Satanás porque o considera o "inventor" da mentira. Portanto, há que se partir do princípio de que diz a verdade quando relata manifestamente que viu com os próprios olhos, ou seja, que observou o diabo "cair do céu" como um raio. Podemos imaginar que Jesus estava com Deus e foi testemunha ocular da queda de Satanás. O ex-filho de Deus transformara-se em um "pobre diabo". Com essa história que nos parece estranha, talvez Jesus quisesse esclarecer a seus amigos por que as condições na terra são mais satânicas do que divinas. E por que todos nós temos de sofrer e aprender para sermos aprovados no "exame de maturidade" antes de podermos entrar no mundo espiritual de Deus, no Reino dos céus.

Na época de Jesus, histórias apocalípticas, como a "queda de Satanás" do céu, eram muito difundidas e constituíam imagens evidentes. Se hoje um pregador falasse de tais imagens, provavelmente seria mandado para um hospital psiquiátrico. No entanto, isso não pode ser um motivo para não se levar a sério uma frase de Jesus, proferida há dois mil anos. Contudo, há que se perguntar: se alguém tiver de ser mandado para o hospital psiquiátrico, quem seria? Jesus ou nós, infiéis?

41.
Em Jesus vive uma imagem dinâmica de Deus

"*Olhando Jesus para eles (seus discípulos), respondeu: o que é impossível para os homens é possível para Deus.*"
(Mc 10,27 RV)

É fácil imaginar a cena: um jovem rico vai até Jesus e quer reassegurar-se moralmente. Teria observado todos os mandamentos. "Jesus olhou para ele com benevolência — lê-se no Evangelho de São Marcos, com uma leve ironia — e disse-lhe amigavelmente: "Ainda te falta uma coisa: vá! Vende tudo o que tens e reparte o lucro entre os pobres. Então terás um tesouro nos céus. E depois, toma sobre ti meu jugo e segue-me". "Mas ele sentiu medo", continua a história. "E, preocupado, seguiu pelo caminho, pois era muito rico."

Em seguida, Jesus diz a seus discípulos: "Meus discípulos! Como é difícil para aqueles que confiam em sua riqueza ser acolhidos no Reino de Deus". Seus discípulos se espantaram com essa frase e perguntaram uns aos outros: "Quem poderá, então, ser reanimado?" A resposta de Jesus encontra-se no início deste capítulo.

Em oposição à imagem estática de Deus, típica do judaísmo ortodoxo da época, para o qual a observância dos 613 preceitos religiosos era o que havia de mais importante, Jesus mostrava-se imbuído de uma imagem dinâmica de Deus. A imagem de Deus concebida pelo patriarcado onipotente era hostil ao desenvolvimento, enquanto a de Jesus era receptiva a ele. O papa Francisco também convive bem com uma imagem dinâmica de Deus: "Dou muito espaço ao Espírito Santo. Ele é sempre bom para surpresas".

Nosso Deus é dinâmico: quer continuar a promover e promoverá conosco a qualidade, a universalidade e a beleza das coisas. Desse modo, ele é e permanece um Deus das surpresas. Entre os seres humanos, isso é mais possível do que se pode imaginar. Em Deus, tudo é possível. Menos uma coisa: tirar o livre-arbítrio dos homens.

Graças ao livre-arbítrio, no mundo inteiro cada vez mais pessoas se empenham para além de todas as religiões e confissões no espírito do pregador da montanha. O Nazareno não apostou originariamente no poder das instituições, e sim na energia imortal dos homens. Os novos movimentos sociais:

- unem aspectos econômicos e ecológicos, sustentáveis e sociais;
- dedicam-se a uma economia que consome bem menos recursos naturais;
- após as experiências com a última crise econômica mundial, passaram a exigir da política mais controle dos grandes bancos;
- nos investimentos, cobram critérios ecológicos e éticos;
- desenvolvem conceitos que até 2050 deverão reduzir o consumo de recursos naturais e aumentar em cinco (Ernst Ulrich

von Weizsäcker*) ou dez vezes (Friedrich Schmidt-Bleek**) a eficiência ecológica no processo produtivo;
- sugerem à ONU a revolução de um dólar, ou seja, a introdução de um salário mínimo universal de um dólar por hora;
- defendem que os governos introduzam uma reforma tributária ecológica (a fim de aliviar o fator trabalho e onerar com tributos o consumo de recursos naturais).

Em todos esses novos movimentos, a disposição de Deus para a mudança e a transformação são ativadas em nós. Os parâmetros institucionais e religiosos podem e vão se alterar. Contudo, continua sendo bom e útil se as instituições também falarem constantemente da presença de Deus e preservarem a lembrança no Jesus real. O que milhões de pessoas de todas as camadas sociais, religiões e confissões fizeram no outono de 2015 e no inverno de 2016 pelos refugiados recém-chegados à Alemanha é uma prova da vitalidade do amor ao próximo em nossa sociedade. Jesus vive, e seu Sermão da Montanha atua como um fermento fértil na sociedade secular.

Muitas pessoas realmente entenderam a história do jovem rico e atualizaram as bem-aventuranças do seguinte modo: "Bem-aventurados são aqueles que ajudam os refugiados". O fator decisivo não é intitular os ideais de cristãos; o importante é que sejam vividos. O "medo

---

* Cientista e político alemão, está entre os autores do livro *Faktor Fünf: die Formel für nachhaltiges Wachstum* [Fator Cinco: A Fórmula para Um Crescimento Sustentável]. [N. da T.].
** Químico alemão. Com Weizsäcker, dirigiu o Instituto de Wuppertal para o Clima, o Meio Ambiente e a Energia e atualmente é presidente do Factor 10 Institute. [N. da T.]

alemão" se transformou em "esperança alemã". Na esperança de um futuro melhor também cresce a força para mudanças necessárias.

42.
Jesus e a sexualidade

"*Não deves temer a sexualidade!*
Contudo, tampouco deves arder por ela!
Sempre que a temeres,
ela te dominará;
mas sempre que arderes por ela,
ela te devorará."
(Evangelho de Filipe 62, RV)

Essas importantes palavras de Jesus não foram adotadas no Novo Testamento oficial. Até hoje, as igrejas cristãs, sobretudo a católica, têm uma relação quase neurótica com a sexualidade e são responsáveis por numerosas neuroses sexuais. Um exemplo disso é a relação da Igreja Católica com a homossexualidade. Estimativas confiáveis partem do princípio de que hoje, em seminários católicos do mundo inteiro, um em cada dois estudantes é homossexual. No entanto, o tema é reprimido e silenciado. Há poucos meses, não muito antes de morrer, um amigo meu, que era sacerdote, disse-me com muita raiva em nossa última conversa: "A Igreja Católica é um bando de hipócritas". Ele se referia à falsidade da ética sexual católica.

O padre católico Jonas Schmid (nome alterado, F. A.) vive na Suíça em um relacionamento com outro padre católico e diz: a doutrina sexual católica "é inflexível, embora se baseie em erros. O primeiro é o de achar que a sexualidade serve apenas para a procriação. O segundo, que a ordem da Criação conhece apenas uma orientação sexual, a heterossexual. Do ponto de vista das ciências naturais, o papa Francisco está à altura de seu tempo, conforme demonstra sua encíclica sobre o meio ambiente; no entanto, do ponto de vista das ciências humanas, ele ainda vive em outro planeta. Se nas ciências naturais ele também estivesse nesse nível, a Terra ainda seria um disco plano". Em oposição ao hinduísmo, por exemplo, o cristianismo ocidental ainda não conhece nenhuma *ars erotica*. Em todo o Ocidente cristão, a "arte do erotismo" continua sendo uma expressão estrangeira.

Ainda em julho de 2015, o bispo suíço Vitus Huonder, referindo-se ao Antigo Testamento, refletiu sobre a pena de morte para homossexuais na seguinte citação: "Se um homem dormir com um homem, tal como dorme com uma mulher, ambos terão cometido uma atrocidade e serão punidos com a morte; seu sangue cairá sobre eles" (Lv 20,13). O tema do congresso em que Huonder deu sua palestra era "Alegria na fé". Milhares de católicos ouviram-no na cidade de Fulda, na Alemanha. Não se sabe quanta alegria despertou nos ouvintes. O bispo ainda está no cargo. Sua reflexão pública pode ser interpretada como incitação ao homicídio. Ainda hoje, cristãos fundamentalistas proferem discursos irresponsáveis, hostis a Jesus e anticristãos. É perverso o fato de falarem em nome de Jesus.

Jesus nunca depreciou a sexualidade. Mesmo nela ele via claramente a atuação e a vontade de Deus. Ao contrário do que se vê em muitos ascetas eclesiásticos, em Jesus nada se constata que represente fobia a mulheres ou ao sexo.

Para Jesus, o relacionamento amoroso entre um homem e uma mulher é a reconciliação do feminino com o masculino, *a* escola do abraço erótico, espiritual e psíquico. O amor entre um homem e uma mulher é a imagem do amor de Deus pelos seres humanos. Jesus é um mestre do amor e do eros.

Obviamente, ao seu círculo de discípulos também pertenciam mulheres, que o acompanhavam de maneira constante. Nenhum rabino que quisesse ser levado a sério cercava-se de um grupo de discípulas; Jesus, sim. Seis delas são conhecidas pelo nome: Joana, Suzana, Maria (mulher de Cléofas), Maria (mãe de Tiago), Salomé e Maria Madalena. Segundo Lucas, além delas, "muitas outras mulheres" também seguiram Jesus "de cidade em cidade e de vilarejo em vilarejo".

Desde os muitos escândalos de abuso sexual, os representantes das igrejas que ainda quiserem ser razoavelmente levados a sério já não podem contestar esse terrível mal. Em janeiro de 2016, Ulrich Weber, perito independente que investigou o escândalo de abuso sexual no coral de meninos da Catedral de Regensburg, apresentou um relatório preliminar, segundo o qual, entre 1953 e 1992, pelo menos 231 crianças sofreram abuso sexual por parte de 42 sacerdotes católicos e professores em Regensburg. De acordo com Weber, o número estimado é bem maior: suas análises chegam a setecentas crianças. Até o momento, ele tem conhecimento de pelo menos cinquenta casos de abuso sexual. Cerca de um a cada três alunos sofreu violência física.

Por que um perito consegue, em oito meses, descobrir quatro vezes mais supostas vítimas do que o episcopado em cinco anos? Ulrich Weber parte do princípio de que Georg Ratzinger, irmão do ex-papa Bento que por trinta anos dirigiu o coral, também sabia dos excessos sexuais. No dia da entrevista coletiva com o perito, Georg Ratzinger encontrava-se com seu irmão, no Vaticano. Dois dias depois, deu uma entrevista, em que afirmou: "Tapas, sim, abuso sexual, não". Surras seriam "comuns" naquela época, mas "eu nada soube" a respeito de abusos sexuais. Sobre os esforços do perito para elucidar o caso, ele opinou: "Para mim, essa campanha é uma loucura". Para esse senhor de 92 anos, "a questão está encerrada". Por certo preferiria continuar a encobrir e reprimir os fatos.

O padre jesuíta Klaus Mertes, que já em 2010 foi o primeiro a tornar público os casos de abuso sexual nas igrejas católicas alemãs, fala de um "bloco resistente daqueles que não querem assumir os fatos" em Regensburg e critica o cardeal Müller, que por ocasião dos primeiros relatórios sobre os abusos sexuais se referira a uma "campanha da imprensa", tal como ainda o faz Ratzinger. Até hoje, muitas vítimas se veem diante de um "muro de silêncio e frentes de contestação" quando se dirigem à Congregação para a Doutrina da Fé, liderada por Müller no Vaticano. Em dezembro de 2015, o cardeal disse ao jornal alemão *Zeit*: "A Igreja não é um clube de filósofos".

Entre os membros do coral da Catedral de Regensburg, ainda há muitas vítimas de abuso sexual a serem ouvidas. Muitas se envergonham e não querem confrontar sua Igreja com o comportamento real. O que Jesus diria a respeito?

Segundo uma das vítimas em Regensburg: "Eram muito apreciados os 'dias de ducha'. Surpreendentemente, o diretor responsável também comparecia. Nessas ocasiões, um ou outro garoto recebia um 'tratamento especial'". Hoje a vítima conta que a maioria se calava, mas pergunta: "Quem acreditaria mais em um menino de 8 anos do que em um monsenhor?" Udo Kaiser também entrou para o coral com 8 anos. Diz: "A pedagogia negra era usual e permitida nos anos 1950 e 1960. Só que, além de sofrer com ela, também éramos molestados sexualmente". Segundo Kaiser, mais tarde algumas vítimas se suicidaram.

No episcopado de Hildesheim, pela primeira vez um ex-bispo alemão é suspeito de ter cometido abuso sexual. O bispo sufragâneo atualmente no cargo escreveu à vítima dizendo-se envergonhado por ela "ter sofrido tal injustiça por parte de uma autoridade episcopal". O episcopado pagou 10 mil euros de "indenização por danos morais".

Os jovens gostam de se divertir com a seguinte brincadeira: "Quais são as *três* coisas mais belas da vida? Comer e beber". Para preservar vida e desfrutá-la, Deus nos criou com base na sexualidade. Em sua primeira Exortação Apostólica, *Evangelii gaudium*, apenas na introdução o papa Francisco empregou 48 vezes a palavra "alegria", uma Boa-Nova, tal como anunciava Jesus. Com o discurso aqui citado sobre a sexualidade, Jesus nos lembra que, ao contrário dos animais, podemos tomar decisões conscientes, livres e responsáveis.

Ele fala a respeito da sexualidade com serenidade. Na citação acima, antecipa a psicologia sexual moderna: sabia da perigosa força da pulsão sexual, sobretudo entre os homens, mas recomendou um equilíbrio espiritual. Temer a sexualidade nos torna tão dependentes quanto "arder" por ela nos conduz ao vício.

Há muito tempo a psicoterapia já sabe que apenas uma espiritualidade que aceita o corpo com sua sexualidade natural conduz à saúde do ser humano. Por isso, muitos sacerdotes que vivem em celibato acabam adoecendo ou tornam-se "anormais" do ponto de vista sexual. Padres católicos também anseiam por uma espiritualidade que cure.

Segundo o testemunho dos Evangelhos e ao contrário dos representantes da Igreja atual, Jesus discorreu pouco a respeito dos temas casamento, família e sexualidade. Não defendeu nenhuma ética sexual independente. Tinha assuntos mais importantes. E se abordou o tema "ética familiar", em geral o fez sob o aspecto da discriminação da mulher. E o que fazem os funcionários eclesiásticos a partir dessa mensagem de Jesus, ou seja, com aquilo que há de mais belo e precioso em nossa vida e que, por fim, devemos a Deus? Nada de sexo antes do casamento, nada de sexo fora do casamento e: sexo obrigatório dentro do casamento! O que importa é ter a consciência pesada! Mas Jesus nunca pensou nem ensinou isso.

Na tradução ecumênica da Bíblia na língua alemã, no Evangelho de São Mateus, Jesus é rigoroso no que se refere ao adultério: "Ouvistes que foi dito aos antigos: não cometerás adultério. Eu, porém, vos digo, que qualquer que atentar numa mulher para a cobiçar, já em seu coração cometeu adultério com ela" (Mt 5,27-28).

Contudo, na retroversão para o aramaico, Jesus diz de maneira muito mais realista: "Aprendeste que *Abba* ordenou aos antepassados: não cometais adultério! Eu, porém, vos digo: aquele que atentar voluntariamente contra a própria mulher estará cometendo adultério". Ele sempre se colocava do lado dos fracos. Julgava a arbitrariedade dos homens em relação às mulheres. Parecia-lhe mais importante falar disso do que da "indissolubilidade" do casamento. Recusava-se a regulamentar questões do coração e do amor com o auxílio de leis.

Há dois mil anos, uma mulher não era considerada um ser humano de pleno valor. Na época em que Jesus viveu, um marido podia muito bem descartar sua esposa. Só precisava afirmar ter descoberto nela algo repugnante e podia dispensá-la por justa causa. Contudo, esse direito valia apenas para o esposo. A essa injustiça, Jesus opõe sua própria ética da igualdade entre todos os homens, que era incontestavelmente lógica. Em Mateus (19,9 RV), diz a seus discípulos: "Amém! Amém! Devo dizer-vos: comete adultério aquele que abandona a própria mulher por outra razão que não seja o adultério". O verdadeiro amor não pode existir sem igualdade de direitos.

De um ponto de vista psicanalítico, vale perguntar por que tantas pessoas ainda são espancadas e sofrem abusos em nome da religião.

É digno de nota tudo o que as religiões fazem com a genitália das crianças: judeus circuncidam os meninos; muçulmanos circuncidam as meninas; e cristãos ainda mal conseguem lidar com a elucidação de seus tantos casos de abuso sexual.

Há cinquenta anos, o jesuíta francês Michel de Certeau já tivera problemas com a moral sexual de sua Igreja e constatara: "O comportamento moral (sobretudo o sexual) do ser humano orienta-se tão pouco pelas diretrizes da Bíblia e dos papas quanto a órbita dos astros. Na realidade, não há o que ser regulamentado". Será que a Igreja Católica ainda vai levar muito tempo para rever sua ética sexual como levou para desculpar-se com Galileu Galilei por causa da órbita dos astros, ou seja, exatamente 359 anos?

43.
Jesus e as mulheres

*"Aquele que na origem fez o homem,
na origem também fez a mulher.
Por isso, não são dois,
mas um único ser humano.
Aquilo que Deus uniu
não deve ser separado pelo homem."*
(Mt 19,4-7 RV)

O que Jesus diz nessa citação aos fariseus, que querem preparar-lhe uma armadilha, significa o seguinte na linguagem da psicologia profunda: a condição humana é uma síntese do princípio masculino e feminino na alma de todo ser humano – já "na origem". Os argumentos masculinos contra as mulheres em cargos eclesiásticos, por exemplo, contra uma papisa, são tão anacrônicos quanto não cristãos e não jesuânicos; são apenas ridículos e vergonhosos. Posso compreender muito bem minha esposa, nossas filhas e milhões de mulheres no mundo inteiro quando argumentam: "O que vou fazer em uma igreja masculina?" Jesus nunca discriminou as mulheres, mas sempre repreendia os homens quando o faziam. E isso há dois mil anos, quando o patriarcado ainda era brutal, cruel e impiedoso. Não são as igrejas masculinas que terão futuro, e sim apenas aquelas fraternas.

Durante cinco mil anos, a história universal atribuiu seus acontecimentos ao homem. Mas a história de Jesus nunca foi masculina. Talvez o fato de homens da Igreja a terem transmitido amplamente dessa maneira seja a maior traição à doutrina e à vida de Jesus. Após a eleição de Barbara Harris como primeira bispa anglicana, o papa João Paulo II mostrou como ainda hoje líderes eclesiásticos podem reagir de maneira tola, inumana e não cristã às mulheres na Igreja. O papa se disse "muito abalado" porque "meu irmão Robert Runcie", arcebispo da Igreja anglicana, nada fizera para impedir "essa eleição". Esse mesmo papa expulsou milhões de mulheres de sua Igreja ao negar-lhes dignidade humana e direitos eclesiásticos.

Nas comissões da Igreja Católica Universal, apenas homens mais velhos ainda circulam em vestes talares. Todavia, é tão certo quanto dois e dois são quatro que em breve uma papisa será eleita. O patriarcado ainda conseguirá infringir as leis naturais por um período, mas não por muito tempo. Contudo, o celibato nas igrejas católicas existe há apenas cerca de mil anos. Em entrevista a Francesca Ambrogetti e Sergio Rubin, citada no livro *O Papa Francisco – Conversas com Jorge Bergoglio*, o papa Francisco conta a seguinte piada: dois padres estão conversando. Um pergunta: "Será que um novo concílio irá acabar com a obrigação do celibato?" O outro responde: "Acho que sim". E o primeiro diz: "Não estaremos aqui para ver isso, mas nossos filhos, com certeza". Até o papa faz piada com o celibato!

Jesus falava da fraternidade e do amor de *todos* os homens. Mulheres que se sentiam compreendidas e libertadas por ele foram mal compreendidas e marginalizadas por seus seguidores. Do misógino Paulo derivam as seguintes frases: "O marido é a cabeça da mulher", "O homem não foi criado para a mulher, mas a mulher para o homem", "O homem não provém da mulher, mas a mulher do homem" (1 Co). Essa postura ainda caracteriza o cristianismo, muito mais do que o Jesus favorável às mulheres.

Jesus admoestou e muitas vezes insultou os homens: hipócritas, raça de víboras. Com as mulheres aprendeu, fez escola. Seus discípulos não entenderam isso, e os redatores dos Evangelhos, menos ainda. Somente na retroversão para o aramaico é que o Jesus amigo das mulheres volta a transparecer. Conforme demonstrado acima em suas palavras, a Igreja tem de tornar a "conjugar" o que por mais de dois mil anos foi separado contra a natureza.

Em meio a um ambiente hostil às mulheres, Jesus demonstrou uma postura inteiramente nova e claramente colaborativa em relação a elas. Nem Buda nem Maomé, nem Aristóteles nem Platão trataram as mulheres de maneira tão livre de ressentimento e com uma naturalidade tão espontânea quanto Jesus. Como havia desenvolvido e integrado o aspecto feminino dentro de si, não precisava projetar esse lado reprimido nas mulheres a seu redor.

Permanece o anseio pela fidelidade duradoura e incondicional, irmanada ao amor puro. O amor sempre será mais do que um sentimento. É uma decisão do coração e da vontade. Na tradição misógina, as igrejas atuais também são preponderantemente lideradas por homens, mas sustentadas por mulheres. Sem elas, há muito tempo já não haveria nenhuma Igreja nacional. No entanto, Jesus não pregou um cristianismo masculino, e sim um cristianismo humano.

Em nenhum outro tema o abismo entre a doutrina eclesiástica e a vida real é tão profundo como no da sexualidade, quer se trate de prevenção, de pílulas ou de homossexualidade. No Renascimento, o célebre papa Bórgia ordenou seu filho cardeal. Nesse meio-tempo, ficamos sabendo que mesmo no atual clero católico nem todas as regras são observadas. Já Santo Agostinho, antigo pai da Igreja, lembra em suas *Confissões* que, quando jovem, pedira a Deus: "Dá-me castidade e sobriedade, mas não de imediato".

Como seria então se as igrejas simplesmente se orientassem pela postura serena de seu mestre e analisassem a fundo seu recalque? Somente assim poderiam libertar-se da escravidão de sua própria ideologia. Com certeza não é por acaso que o benéfico discurso de Jesus sobre a sexualidade, citado acima, não foi adotado nos Evangelhos canônicos. Provavelmente soou arriscado demais para os escribas. Com o posicionamento de Jesus sobre esse tema central da humanidade, as igrejas deveriam abrir mão de boa parte de seu poder sobre os "fiéis". "Não deves temer tua sexualidade." Mas o que as igrejas ensinaram durante séculos foi justamente o temor a ela. No entanto, apenas um amor que desafie e estimule *todos* os sentidos é capaz de também se tornar um culto a Deus. Afinal, foi o Criador quem nos presenteou com esses sentidos. Por que não haveríamos, então, de usá-los do modo desejado por Ele?

O amor inclui o erotismo, a interação entre os amantes, a comunicação com olhares, palavras e toques, a permissão para provar, beijar, tocar e sentir a pessoa amada. Sim, senti-la de maneira tão intensa que ele ou ela se recria. Desse modo, o amor físico também é um ato da Criação.

Nomeio Jesus o primeiro homem, pois, de maneira exemplar, ele não recalcou nem reprimiu o lado feminino dentro de si, e sim o desenvolveu e integrou. Como um homem de sentimento racional, ele é um exemplo notável para mulheres emancipadas, homens adultos e jovens curiosos. Por isso, há dois mil anos, as mulheres "enlouqueceram" por causa dele. Jesus é um sonho de homem. Segundo escreve Hanna Wolff,* ele foi um homem "integrado à *anima*". Um homem torna-se "novo" quando descobre e vive a parte feminina de sua alma. E uma mulher adquire uma personalidade quando descobre e integra a parte masculina de sua alma, seu *animus*. Foi o que fez Jesus. Por isso, ele era e é um salvador salutar, *o* modelo de vida humana para todos os homens. Já no século XIX, o filósofo e reformador indiano Keshab Chandra Sen reconheceu o que Jesus faz ainda hoje, após dois mil anos, de maneira tão fascinante: "O que mais era Cristo senão a união da integridade masculina e feminina?" E acrescenta: "Porém, Cristo, que nasceu de uma mulher e é, ele próprio, uma mulher dentro de um homem, ainda espera ser reconhecido". Há trinta anos, Hanna Wolff prestou uma contribuição essencial a essa constatação em seus livros sobre Jesus. Portanto, não é decisivo se há dois mil anos ele era um homem ou uma mulher, mas, antes, o fato de que foi o primeiro homem proeminente da história universal a demonstrar traços de caráter masculinos e femininos; portanto, a viver de maneira holística. Poderia muito bem ter sido uma mulher. A postura absolutamente nova de Jesus em relação às mulheres, em meio a um mundo misógino, orientado para os homens e por eles dominado na Antiguidade, mostra com toda a clareza o "novo homem" Jesus e o torna único. É o que também demonstram suas outras palavras.

---

* Psicoterapeuta e teóloga alemã (1910-2001). [N. da T.]

44.
Jesus e os molestadores de crianças

"Quem desonra uma única criança
tem uma mó atada ao pescoço!"
(Mt 18,6 / Mc 9,42 / Lc 17,2 RV)

"Guardai-vos de desonrar as crianças!
Amém! Amém! – Devo dizer-vos:
a todo instante
os anjos delas
têm acesso a Abba."
(Mt 18,10 RV)

Quanta diferença entre essas palavras traduzidas do aramaico e aquelas dos três primeiros evangelistas, que aprendemos nas aulas de religião! Na tradução grega, Jesus chega a intimar para a Inquisição. Teria ele, de fato, se manifestado a favor da pena de morte? No Evangelho de São Mateus (18,6) da tradução ecumênica da Bíblia na língua alemã, lemos: "Mas, se alguém fizer cair em pecado um destes pequenos que creem em mim, melhor fora que lhe atassem ao pescoço a mó de um moinho e o lançassem no fundo do mar". Poderia o amoroso e piedoso Jesus ter dito algo tão brutal?

Jesus deve ter falado sobre o tema com pessoas que sabiam dos abusos sexuais cometidos contra crianças. Algo muito antigo que acontece até hoje. No entanto, o texto apresentado em todas as Bíblias do mundo há de indignar qualquer humanista. Pois mesmo quando se trata de abuso sexual e pedofilia, para Jesus vale o programa básico: ajudar em vez de julgar.

Nesse exemplo, a diferença fundamental entre os textos clássicos e o Jesus "aramaico" é bastante evidente.

Jesus é o amor em pessoa, alguém cuja vontade é que nem um único ser humano se perca, nem mesmo quem molesta crianças; alguém que disse: "Amai vossos inimigos, fazei o bem aos que vos odeiam". Nunca desejou uma "mó de moinho no pescoço" de ninguém. Não era um sádico. Porém, advertiu claramente que a pessoa em questão penduraria, ela própria, essa "mó" no pescoço. Trata-se de uma intenção totalmente diferente do ponto de vista ético. Quem molesta crianças tem de arcar com pesadas consequências, no mais tardar no mundo espiritual. Essa é a posição inequívoca de Jesus. Para esclarecê-la, passemos às suas próximas palavras.

45.
Tudo vem à luz!

"*Nada há encoberto
que não haja de revelar-se!
E nada há de secreto
que não haja de saber-se.*"
(Mc 4,22 / Mt 10,26 / Lc 12,2 RV)

Portanto, segundo Jesus, há no céu total transparência. Ele queria nos advertir para que não nos enganássemos nem mentíssemos para nós mesmos. No mundo material, essa profecia não se impõe. Levamos muitos segredos para o túmulo. Porém, Jesus se referia à total transparência no mundo espiritual, no qual viveremos após morrermos. Não temos como enganar os anjos, juízes de Deus. Por ordem divina, serão justos ao julgar a soma de nossa vida. Provavelmente saberão mais de nós do que nós próprios, pois muitas coisas são desagradáveis para nós e já não queremos ou não podemos nos lembrar delas.

Na era da tecnologia moderna, talvez seja mais fácil para nós imaginar um balanço da vida do que o era para gerações passadas. Talvez os anjos tenham uma memória semelhante à de um computador, onde tudo é registrado e salvo. Negar não faz nenhum sentido. Podemos apenas torcer para encontrarmos juízes por princípio equânimes no mundo espiritual. Jesus os anunciou a nós.

Nunca um ser humano conseguiu tornar o mundo espiritual tão acessível a nós quanto esse jovem de Nazaré, com suas lembranças bastante concretas do mundo de seu *Abba*. Nunca alguém conseguiu nos transmitir essas esperanças de maneira tão convincente. E nunca alguém conseguiu nos encorajar para o amor de maneira tão benéfica. Por isso, Jesus é o ser humano *mais singular* que já viveu neste planeta.

46.
Feliz daquele! — Infeliz daquele!

"*O bem virá.*
E feliz daquele
através do qual ele virá!
O mal também virá.
Mas infeliz daquele,
através do qual ele virá."
(*Homiliae Clementinis* XII, 29 RV)

Jesus era realista, não um pessimista rabugento nem um otimista ingênuo. Confiava no bem e sabia que existia o mal nos homens. Conhecia seu Pai e confiava em Seu senso de justiça. Por isso, ensinou: "Só podeis colher o que semeastes". Buda chama de "karma" essa lei da justiça, ou melhor, essa lei espiritual de ação e consequência da ação. Isso significa, por exemplo, que quem construir usinas nucleares colherá acidentes nucleares. Quem construir usinas movidas a carvão colherá a mudança climática. Quem dirigir automóveis grandes produzirá efeito estufa em excesso. E quem produzir efeito estufa não haverá por que se espantar com os refugiados movidos pelas mudanças climáticas. Jesus profetizou a existência de bons homens: "Feliz daquele!" Mas também profetizou a existência dos maus com igual clareza: "Infeliz daquele!" Recebemos de volta tudo o que iniciamos – uma lei espiritual da natureza. Isso também vale no aspecto positivo.

47.
Tentações virão

"*Ai do mundo por causa das tentações!*
É impossível
que não venham.
Mas ai dos homens
pelos quais vierem."
(Mt 18,7 / Lc 17,1 RV)

Aí, Jesus não está dizendo: "Ai dos homens!", e sim: "Ai do mundo!" Ele teria previsto o que a cobiça sem limites por dinheiro e poder pode nos causar: guerras, destruição da natureza, injustiças gritantes, soberba, tentações de todo tipo, seja na vida privada, na sociedade, na profissão ou na política, e muito sofrimento humano. Hoje temos várias possibilidades para matar o "mundo" inteiro por meio, por exemplo, da mudança climática ou das armas atômicas. O diabo continua ativo em nós.

E qual seria a salvação? O Reino dos céus é o objetivo da história universal e a entrada no Reino de Deus. Mas a quem isso interessa?

A maioria das pessoas age como se soubesse disso, porém, (ainda) não vive pensando em alcançá-lo. Contudo, isso não muda em nada o fato de que era Jesus quem estava certo, e não a atual maioria das pessoas em sua indiferença e em sua cegueira espirituais. O processo de reversão não poderá ser organizado mediante revoluções rápidas e externas, mas apenas lentamente e a partir de dentro. O tempo não terá nenhuma influência. Também nesse caso vale a lei espiritual da ação e de sua consequência.

48.
Os homens não conseguem perdoar os pecados

"*Amém! Amém! – Devo dizer-vos:
se tiverdes perdoado aos homens seus pecados,
também Abba poderá perdoar os vossos.
Se não tiverdes perdoado aos homens seus pecados,
também Abba não poderá perdoar os vossos.*"
(Jo 20,23 / Mt 6,14-15 / Mc 11,25 RV)

Segundo Jesus, não muito tempo depois que morrermos os anjos juízes nos julgarão em nome de Deus. No que se refere ao perdão, só uma coisa importa: quem em sua vida terrena perdoou os outros também será perdoado no céu. Quem não perdoou tampouco poderá ser perdoado. E isso vale para todos os seres humanos, não apenas para sacerdotes, conforme pretendido no texto grego. Aqui como em todo o Novo Testamento, vale a regra "se... então". Por sua vez, isso significa que tudo depende de nós, e não dos sacerdotes. Somos nós que temos a responsabilidade. Jesus nos ensinou o milagre que nós próprios podemos realizar.

Na tradução grega do Evangelho de São João (20,23), mais uma vez se lê o contrário: "Aqueles a quem perdoardes os pecados, ser-lhes--ão perdoados; àqueles a quem os retiverdes, ser-lhes-ão retidos".

O texto aramaico de Jesus diz: "Se tiverdes perdoado [...]", e o grego: "Aqueles a quem perdoardes [...]". Um é o contrário do outro. Apenas com essa alteração textual é possível preservar toda a instituição da confissão e a magia clerical do perdão dos pecados. Desse modo, o clero ganha poder sobre seus "fiéis". Uma adulteração realmente diabólica. Pois esse poder intimida e causa medo, fazendo com que milhões de católicos fiquem com a consciência pesada ao se confessarem. Esse também é o sentido da adulteração. Aos olhos de Jesus, a prática da confissão da Igreja Católica seria, antes, uma comédia ridícula. Apenas Deus, e mais ninguém, pode perdoar os pecados.

O poder de perdoá-los não cabe ao mundo terreno, e sim ao além, onde vale o direito divino, e não o eclesiástico. Não há uma única passagem em todo o Novo Testamento aramaico que expresse que sacerdotes podem perdoar alguém por seus pecados por meio de uma frase mágica.

49.
Jesus exorta à modéstia

"Quando quiseres fazer uma boa ação,
não ajas como os hipócritas,
que fazem soar as trombetas,
para que sejam vistos pelos homens!
Digo-te:
receberam sua recompensa.
Mas tu, sempre que fizeres uma boa ação,
não saiba a tua mão esquerda o que faz a direita,
para que a tua boa ação permaneça em segredo!
E Abba, que te vê,
te recompensará em segredo.
E quando quiseres jejuar,
não sejas como os hipócritas,
que espalham cinzas sobre a cabeça,
para que sejam vistos pelos homens!
Digo-te:
receberam sua recompensa.

Mas tu, sempre que jejuares,
deves lavar teu rosto
e ungir tua cabeça,
para que teu jejum permaneça em segredo!
E Abba, que te vê,
te recompensará em segredo."
(Mt 6,2-4; 16-18 RV)

Que ninguém diga que essas declarações do Sermão da Montanha não são atuais: fazer o bem pelo bem. O que outras pessoas dizem que não é importante. Fazer o bem, mas sem o encenar aos olhos dos outros. Fazer o bem é o contrário do narcisismo. É preciso ser bom sem segundas intenções.

50.
Indignai-vos!

"Não emprestai dinheiro a juro."

(Lc 6,35 RV)

De acordo com as Sagradas Escrituras das três religiões monoteístas, é proibido cobrar juros, algo que quase ninguém sabe, sobretudo no "Ocidente cristão". Isso não é ensinado em sermões nem em aulas de religião. Na retroversão aramaica das palavras de Jesus, essa proibição é formulada de maneira ainda mais evidente do que nas traduções tradicionais do grego. Veja acima o texto claro de Jesus.

Em janeiro de 2016, a Oxfam, organização para o desenvolvimento, publicou um relatório segundo o qual as 62 pessoas mais ricas do mundo dispõem de tanto dinheiro quanto toda a metade mais pobre da população mundial, ou seja, cerca de 3,7 bilhões de pessoas. Por que ninguém se manifestou nem se manifesta diante dessa notícia inacreditável? Mais do que essa informação, choca o fato de não se realizar nenhuma discussão fundamental sobre nosso sistema econômico. Apenas o papa fala abertamente sobre esse escândalo, entre todos os outros da atualidade: "Essa economia mata". Na Alemanha, pelo menos Sarah Wagenknecht* se expressa e escreve sobre o assunto.

Seguem os números em detalhes: nos últimos cinco anos (de 2010 a 2015), todo o patrimônio dessa metade pobre da população mundial reduziu-se em um trilhão de dólares, ou seja, mil bilhões ou cerca de 41%. Ao mesmo tempo, o patrimônio dos super-ricos cresceu em mais de um trilhão de dólares. Portanto, a diferença se amplia cada vez mais em favor dos ricos.

Há duas razões principais para esse desenvolvimento. A primeira é que nove em cada dez grandes grupos empresariais têm filiais em paraísos fiscais, o que já é suficiente para lhes permitir retirar cerca de 100 bilhões de dólares por ano dos países pobres em arrecadação de impostos. A segunda razão é que os fundos de desenvolvimento que os países pobres recebem das nações ricas somam apenas um terço do que, no longo prazo, devem pagar a elas em juros e amortizações. Isso significa que, em parte, os pobres financiam nossa riqueza.

Por certo, uma ordem econômica destrutiva como essa produz ondas maciças de refugiados do Sul rumo ao Norte ou da pobreza à riqueza. A mudança climática global, que levará a outros deslocamentos de refugiados, não é causada pelos países pobres, e sim pelas ricas nações industriais, porém atinge em primeiro lugar e, sobretudo, as pessoas pobres. Atualmente, 18 milhões de refugiados do clima vagueiam pelo continente africano. Mas o que tudo isso tem a ver com juros?

O sistema dos juros simples e compostos é o principal responsável pela distância cada vez maior entre pobres e ricos. O sistema

---

* Política alemã, desde 2009, deputada federal pelo partido de esquerda Die Linke. [N. da T.]

atual ainda leva os mais pobres a contraírem dívidas das quais nunca conseguirão se livrar. Conforme relata a Oxfam, esse sistema de juros enriquece o percentual mais rico: apenas cerca de 10% da humanidade tira proveito dos juros simples e compostos, enquanto cerca de 90% é explorada justamente por causa deles. Juro significa que pessoas ricas enriquecem cada vez mais sem trabalhar. É o dinheiro que "trabalha" para elas, embora todo mundo saiba que somente pessoas e máquinas, e não o dinheiro, são capazes de trabalhar. Jesus intuiu claramente esse sistema já há dois mil anos e, por isso, sugeriu um sistema financeiro sem juros. Nunca essa sugestão foi tão urgente e atual como hoje.

"Também dá para fazer diferente", disse a professora e pesquisadora financeira Margrit Kennedy, que há quase trinta anos se ocupa de sistemas financeiros alternativos. "Com mais variedade financeira, por exemplo com 'bancos de tempo'*, que se baseiam na compensação de horas trabalhadas, com o incentivo aos ciclos econômicos regionais, e com moedas regionais e complementares ao euro que, em primeira instância, sirvam a propósitos sociais, econômicos e ecológicos." O problema é que essas sugestões bem-intencionadas são muito pouco testadas — menos ainda em larga escala. Se as pessoas hoje compreendessem o sistema financeiro dominante, amanhã cedo teríamos a maior revolução de todos os tempos.

Em fóruns como o Econômico Mundial, realizado em 2016, em Davos, os representantes mais poderosos dos sistemas dominantes na política e na economia fazem fila quando se trata de novas possibili-

---

* Também conhecidos pelo termo em inglês *timebanks*, trata-se de um sistema de troca de serviços por hora. Em vez de dinheiro, depositam-se horas de tarefas, que são trocadas por favores em benefício da comunidade. [N. da T.]

dades de multiplicar rapidamente o dinheiro. Falam muito e com inteligência, sem economizar nas palavras, e alguns também reclamam, mas não questionam nada de fato. Ao evento da Oxfam, em que se apresentou o relatório citado anteriormente com os 62 super-ricos, compareceram quinze participantes dos 2.500 que estiveram presentes no fórum em Davos. Não são condições muito promissoras para um mundo melhor, que há décadas é propagandeado nas montanhas suíças, mas, na realidade, não é desejado.

51.
Cabe a vós decidir: Deus ou o dinheiro?

"*Um homem não pode curvar dois arcos!*
Um escravo não pode servir a dois senhores!
Não podeis servir a Deus a ao dinheiro!"
(To 47 / Lc 16,13 / Mt 6,24, mesclados, RV)

Jesus sabia do poder demoníaco do dinheiro. O dinheiro é capaz de escravizar as pessoas e desumanizá-las. Jesus sabia que, muitas vezes, a cobiça pelo dinheiro se manifesta em combinação com a cobiça pelo poder.

A doutrina social cristã justifica a propriedade como "fruto do trabalho". Sobre a propriedade que não tivesse sua origem no trabalho sempre se levantou a suspeita de ter sido roubada ou, no máximo, de ser uma "apropriação de bem sem dono". É o dinheiro que deve servir às pessoas, e não o contrário. Porém, por meio dos juros, nosso sistema financeiro atual faz com que ocorra uma maciça redistribuição de baixo para cima.

Na Alemanha, 10% dos lares ricos dispõem de mais de 52% do patrimônio líquido, mas 50% dos lares pobres dispõem de apenas 1%. Quando a desigualdade ultrapassa certa medida, ela invade a falta de liberdade. Um imposto patrimonial poderia ser uma solução. É necessário do ponto de vista político e ético e realizável na prática. Em comparação com outros países, a Alemanha tem um imposto patrimonial reduzido. O patrimônio de um lar alemão de classe média monta a 50 mil euros. Contudo, a milésima parte mais rica dos lares dispõe em média de 35 milhões de euros — 17.500 vezes mais. "A propriedade impõe obrigações", diz a Constituição.

Ao se referir ao sistema financeiro nos Estados Unidos, que se havia degenerado em um substituto da religião, Joseph Pulitzer, jornalista norte-americano que deu nome ao mais importante prêmio internacional de jornalismo, disse: "O que desmoraliza nossa vida pública? Obviamente, a corrupção. E o que provoca a corrupção? Obviamente, a cobiça pelo dinheiro. E quem fornece à cobiça pelo dinheiro as maiores tentações? As grandes empresas. O dinheiro é o grande poder. Os homens vendem a alma por ele, as mulheres vendem o corpo, e outros o cultuam".

Há sessenta anos, Mark Twain, o trocista norte-americano, já formulava a profissão de fé de seus conterrâneos da seguinte maneira: "Qual o objetivo da vida humana? Enriquecer. Como? De maneira desonesta, se pudermos; de maneira honesta, se formos obrigados. Qual é o único e verdadeiro Deus? Dinheiro é Deus. Ouro, dólar e ações — Pai, Filho e Espírito Santo".

Provavelmente, esquecer Deus e a si mesmo são as maiores doenças de nossa época.

A cobiça pelo dinheiro e pelo lucro tornou-se cada vez mais desmedida quando o neoliberalismo presidiu os postos de comando do poder e a globalização pôde expandir-se após 1990. Nenhum político conseguiu deter as orgias da sanha especuladora, até que, no outono de 2008, viram-se numerosos mortos e feridos espalhados nos campos de batalha do capital e do interesse pelo lucro. Embora todos soubessem que o dinheiro comanda o mundo, quase ninguém perguntou: quem comanda o dinheiro?

O neoliberalismo continua no comando. Até agora, a política mostrou-se demasiadamente impotente e covarde para estabelecer ao menos um imposto moderado sobre a transação financeira de lucros oriundos da especulação. O capitalismo que existe na realidade preocupa-se apenas com o presente e se esquece do futuro. Lucros em curto prazo são mais importantes do que uma economia de longo prazo e sustentável. Em seu livro *Aufschrei* [Grito], Norbert Blüm* escreve: "99,6% dos trilhões de dólares que circulam no planeta nada têm a ver com as mercadorias e os serviços que criam valor agregado. São meras ficções financeiras". Com razão, ele chama a atual economia de "impostora", um "sistema de enganação planejada".

Nessa situação, a pergunta radical de Jesus, "Deus ou o dinheiro?", é muito útil. A crise econômica mundial, causada por apostadores ávidos por dinheiro e banqueiros megalomaníacos, fez com que países como a Grécia tivessem um índice de quase 60% de desemprego entre jovens. Até mesmo a França chegou aos 25%. É a tragédia e a vergonha da Europa o fato de que, para salvar os bancos em brevíssimo espaço de tempo, fomos capazes de levantar centenas de bilhões de

---

* Jornalista e ex-político alemão pela União Democrata-Cristã (CDU). Foi Ministro do Trabalho e da Ordem Social. [N. da T.]

euros, mas para combater o desemprego entre jovens mal disponibilizamos uma dúzia. Nesse aspecto, uma bomba-relógio política marca a contagem regressiva para nosso sistema democrático. Também por isso os populistas de direita se fortalecem em toda a Europa.

52.
Não sejais hipócritas

*"Quem dentre vós
não tem nenhum pecado?
Que seja o primeiro
a lhe atirar uma pedra."*
(Jo 8,7 RV)

O que a cobiça e a avidez por dinheiro podem fazer conosco, seres humanos, é o que mostra de maneira exemplar a história do gestor esportivo Uli Hoeneβ. Mesmo um executivo talentoso e inteligente como ele — abençoado com méritos extraordinários — sucumbiu ao vício humano da aposta. Para ele, o dinheiro se tornou um fim em si mesmo, um ídolo, que acabou levando a uma forma de isolamento interior. Também aqui vale lembrar as palavras de Jesus: "Quem dentre vós não tem nenhum pecado? Que seja o primeiro a lhe atirar uma pedra". Na história narrada pelo Evangelho de São João, trata-se de "fariseus e escribas", que teriam "flagrado" uma mulher cometendo adultério e perguntado a Jesus: "O que dizes a respeito?" Afinal, segundo as antigas leis de Moisés, a punição para tanto era o apedrejamento. Obviamente, do homem envolvido no caso não se tem nenhuma notícia — ainda que um adultério só possa ser cometido a dois. Portanto, os senhores queriam saber: "Devemos apedrejá-la?" Grandiosa e soberana é a reação de Jesus: "Quem dentre vós não tem nenhum pecado?" Depois que os fariseus partiram em silêncio e encabulados e que Jesus se viu a sós com a "pecadora", disse a poderosa frase: "Nem eu te condeno. Vai! E, a partir de agora, não tornes a pecar". Jesus nunca condenou, mas também não minimizou; ao contrário, apelou para a própria consciência. Desse modo, Uli Hoeneβ também mereceu uma segunda chance.

53.
Tesouros na terra ou tesouros no céu?

"Cessai de acumular tesouros na terra,
onde as traças e os carunchos podem devorá-los
e onde ladrões podem roubá-los!
Começai a acumular tesouros nos céus,
onde traças e carunchos não podem devorá-los
e onde ladrões não podem roubá-los!
Onde estiver teu tesouro também estará teu coração!"
(Mt 6,19-21 RV)

De maneira radical, o jovem de Nazaré pede que as pessoas decidam: Deus ou o dinheiro, um dos dois, um ou outro!

Quando o assunto era "dinheiro", o benevolente Jesus podia até ficar irritado. No Evangelho de João 2, 13-16, é narrada uma das grandes histórias da Bíblia: a purificação do templo. Os quatro evangelistas contam essa história, que foi importante para eles. No átrio do templo em Jerusalém, Jesus encontrou comerciantes que vendiam ovelhas, pombos e bois para o sacrifício, bem como cambistas, que tiravam o dinheiro do bolso dos fiéis. Com uma corda, Jesus fez um chicote e expulsou do templo os cambistas e os comerciantes junto com seus animais. Virou suas mesas e gritou aos vendedores de pombos: "Tirai isto daqui e não façais da casa de *Abba* uma casa de negócios" (RV). Além disso, "não consentia a ninguém que portasse uma arma no templo" (Mc 11,16 RV). Era acometido pela ira santa quando via como era primitiva a imagem que os teólogos de sua época faziam de Deus. Para ele não se tratava, em primeira instância, dos pequenos cambistas, e sim de todo o sistema financeiro que antigamente já enriquecia poucos, mas empobrecia muitos. Logo após esse episódio, Jesus foi preso.

De fato, quando o assunto é dinheiro, a brincadeira sempre acaba. Ao expulsar os cambistas e os negociantes do templo, Jesus interferiu na existência material da hierarquia judaica dos sacerdotes — tal como fez o papa Francisco quando reduziu drasticamente o salário no Vaticano e mandou substituir os carros oficiais grandes por outros pequenos. Que consequências isso poderia ter? Pelo menos no caso de Jesus, com sua rejeição aos negociantes, acabou decretando sua própria sentença de morte. Após esse incidente, eles decidiram "matá-lo" (Mc 11,18). Só podemos desejar vida longa a esse papa.

Muitos teólogos têm dificuldade para lidar com um Jesus tão irritado, que, para eles, não combina com aquele aparentemente afável do Sermão da Montanha e muito menos com o gracioso dos nossos presépios de Natal.

54.
O capital destrói a economia

"*Guardai-vos da avidez!*
Pois a vida não cabe aos homens
por eles possuírem muitos bens."

(Lc 12,15 RV)

O capitalismo dos juros e o capitalismo financeiro, que não se baseiam no trabalho nem na criação de valor agregado, e sim na especulação absurda, são um sistema satânico. Juros simples e compostos conduzem à eterna obrigação do crescimento. Quando já não podemos crescer infinitamente no campo material, todos os duzentos governos deste mundo, sem exceção, propagandeiam o "crescimento". Contudo, no campo em que de fato poderíamos crescer, que é aquele intelectual, cultural, espiritual e psicológico, nossa época é limitada. O Butão é o único país do mundo em cuja Constituição não se preconiza um "Produto Interno Bruto", e sim uma "Felicidade Interna Bruta".

Segundo Margrit Kennedy, apenas na Alemanha, todos os dias a redistribuição de dinheiro por juros soma 600 milhões de euros dos 90% mais pobres para os 10% mais ricos. Somente por isso a riqueza deles é desmedida. Entre os ricos, essa multiplicação automática do dinheiro, freada apenas provisoriamente pela política de redução de juros, não é compatível com a democracia e com o estado de direito. Sabemos que o dinheiro comanda o mundo. Uma pergunta central para o futuro de um mundo mais justo é: quem comanda o dinheiro?

Mahatma Gandhi já sabia que vivemos em um planeta infinitamente rico, "com recursos suficientes para as necessidades, mas não para a avidez dos homens". Há vinte anos, a ONU já calculava que 12 bilhões de pessoas podem ter uma vida confortável na terra. Porém, a cada ano, deixamos que cerca de 26 milhões passem fome. Aqui também vale a máxima: se formos honestos, o que estamos fazendo é matá-las. E, enquanto isso os ricos ganham muito trabalhando pouco.

Contudo, em algum momento no futuro — e disso Jesus estava convencido —, se trabalharmos no espírito jesuânico e deixarmos de adorar o dinheiro, Satanás será vencido por aqueles que têm amor, misericórdia e que estão do lado de Deus. A pergunta do Nazareno não comporta condições nem restrições: Deus ou o dinheiro? Há de ser um ou outro!

A avidez nada traz! Nessas poucas palavras, Jesus resume um desejo central de toda a sua mensagem e que, nesses tempos de cobiça material, é de uma atualidade dramática: "Guardai-vos da avidez!"

Nenhum homem consegue ficar rico sem avidez. Contudo, a aspiração inescrupulosa por lucro não torna ninguém realmente rico; ao contrário, empobrece, pois não conduz à vida, e sim à negação dela. No entanto, do ponto de vista histórico, essa advertência mostrou-

-se sem sentido, como se alguém quisesse advertir um lobo contra a avidez por sangue. Por certo, o que Jesus entende por "vida" é algo diferente do que a maioria das pessoas compreende até hoje. Para ele, "vida" significa "vida eterna", entrada no Reino dos céus, o caminho da não vida para a verdadeira vida. Entretanto, os pobres, ou seja, os materialmente ricos, veem essa vida espiritual como uma quimera. Porém, após sua morte física, também entenderão que viveram fora da realidade. Então encontrarão tempo suficiente para amadurecer e poder entrar na vida real.

55.
Engajai-vos!

*"Amém! Amém! – Devo dizer-vos:
se não permitirdes que vossa caridade
se exceda,
não podereis entrar
no Reino dos céus."*
(Mt 5,20 RV)

Para muitos, a questão do crescimento espiritual torna-se mais importante do que a do crescimento econômico. Segundo Jesus, tudo o que conta nada tem a ver com nossa renda, e sim com nossa precaução. Tudo o que realmente tem a ver com Deus é gratuito como o brilho do sol ou a chuva, o ar, a água e as florestas. A verdadeira religião também não custa nada – tanto quanto dois gatinhos se aninhando, passarinhos brincando diante de nossa janela ou o sorriso de uma bela mulher.

Deus é nossa verdadeira riqueza. "Apenas Deus é bom." Desse modo, Jesus nos exorta a superar a inquietação, o medo e a aflição para permitirmos que a paz entre em nosso coração e ele repouse em Deus.

Atualmente, milhões de pessoas no mundo se engajam no espírito de Jesus e permitem que "sua própria caridade se exceda":

- engajam-se no auxílio a refugiados;
- aprendem que mais consumo não significa mais bem-estar e alegria de viver;
- discutem como limitar o poder dos grandes bancos;
- defendem a proteção dos animais e do meio ambiente;
- por meio da Anistia Internacional, tentam intervir a favor de presos políticos;
- compreendem que mais crescimento econômico significa mais estresse e destruição da natureza;
- escolhem um local de trabalho em que possam evoluir;
- desenvolvem conceitos com os quais, até 2025, o uso de matérias-primas possa ser reduzido e a eficiência ecológica no processo produtivo seja aumentada em cinco ou dez vezes;
- pressionam os governos para que seja introduzida uma reforma tributária ecológica ou um imposto sobre o CO_2;
- produzem sua própria energia e, o que não é menos importante:
- trabalham por um mundo melhor.

Esses movimentos, que se organizam a partir da base e se espalham pelo mundo, muitas vezes organizados pela internet, significam ao mesmo tempo que, nas próximas décadas, a maioria dos conglomerados empresariais do DAX* vai diminuir ou desaparecer. Muitas megaestruturas empresariais já deixaram seu futuro para trás. "*Small* *is the next big thing* ["Pequena", é a próxima grande coisa].

---

* Índice de Ações Alemãs. [N. da T.]

56.
Sede prudentes!
Sede sinceros!

"Sede prudentes como as serpentes!
Sede sinceros como as pombas!"
Agora ide!
Ide! Eu vos envio
como cordeiros em meio aos lobos!"
(Mt 10,16 RV)

Jesus, o grande conhecedor e competente defensor dos animais! Quatro deles em cinco linhas!

Ele próprio era ambas as coisas ao mesmo tempo: prudente e sincero. Por isso, com frequência conseguia escapar de seus adversários — até provocar uma decisão com o auxílio de seu amigo Judas (ver Capítulo 95).

Jesus também recomenda a seus amigos essa estratégia da sinceridade e da prudência. Como homem realista, sabia que, com a mensagem do amor e da bondade, pessoas como ele pareceriam "cordeiros entre lobos". A indicação de Jesus é uma estratégia de sobrevivência, antigamente e hoje. Em sua política humanista de acolhimento dos refugiados, Angela Merkel é capaz de usar com competência essa estratégia de Jesus quando tem de lidar com lobos como Horst Seehofer, Viktor Orban e os cristãos do movimento Pegida.*

---

* Horst Seehofer: político alemão, membro da União Social-Cristã (CSU) e governador da Baviera. Viktor Orban: primeiro-ministro da Hungria. Pegida (*Patriotische Europäer gegen die Islamisierung des Abendlandes* ou Europeus Patriotas contra a Islamização do Ocidente): organização política de extrema-direita que se opõe à imigração de muçulmanos para a Alemanha. [N. da T.]

57.
Crede em Deus!

"Se tu podes crer em Deus,
Ele pode fazer algo por ti."
(Mc 9,23 RV)

Depois da "Transfiguração" no Monte Tabor, Jesus encontra uma multidão discutindo com escribas. Ao verem Jesus, as pessoas o cumprimentam. Da multidão sai um pai, que se dirige até ele e pede-lhe para curar seu filho, que está "possuído por um espírito mudo". O jovem tinha ataques epiléticos.

"Se podes alguma coisa, ajuda-me", pediu o pai a Jesus, que respondeu: "Se TU podes crer em Deus, ELE pode fazer algo por ti". Crença em troca de crença! Eis a lei fundamental da doutrina de Jesus.

Jesus ordenou ao demônio: "Ordeno-te: Sai dele! E nunca mais volta a entrar nele!" Consegue entregar o filho são ao pai, mas somente depois que este lhe assegura: "Senhor! Quero crer! Leva embora minha incredulidade". Jesus nunca disse que *ele* tinha curado alguém, mas que "tua crença" curou o menino.

A crença em Deus é mais do que aceitar algo como verdadeiro, é uma crença inabalável no amado Pai no céu e coloca a nós, seres humanos, em contato com nossa fonte celestial de força espiritual e energia anímica. Segundo Jesus, essa crença em Deus também mobiliza o mundo espiritual de Deus. Isso vale para todos que Nele creem.

Por isso, Jesus também pôde assegurar a seus amigos algo inédito: "Tudo o que posso, podeis também e ainda mais".

58.
Jesus e seu Pai maternal

Para Jesus, autoridades e leis são, no máximo, algo secundário. Mais importante é a consciência, o divino em nós e a liberdade espiritual, que vai além da lei. Nosso livre-arbítrio e nossa liberdade de consciência são sagrados para o Deus de Jesus. Como sinal dessa liberdade, ele nos mostra uma imagem nova de Deus ou, pelo menos, não alterada. De maneira insuperável, ilustra-nos o amor divino na parábola do filho pródigo, que também pode ser lida como parábola do amor de Deus por nós, seres humanos. Com ela, o genial narrador de histórias de Nazaré criou a literatura universal. Certo dia, Jesus contou esta história que encontramos no Evangelho de São Lucas (15,11-32). Na retroversão (RV), ela diz o seguinte:

"*Um homem tinha dois filhos.*
O mais novo deles lhe disse:
'Pai! Dá-me a parte da herança que me cabe'.
Então o homem repartiu entre eles todo o seu patrimônio.
Após não muitos dias,

o filho mais novo juntou tudo apressadamente e
partiu para uma terra distante,
onde dissipou toda a sua parte da herança.
Depois de ele esbanjar tudo o que possuía,
sobreveio àquela terra uma grande fome.
Pôs-se ao serviço de um habitante da região,
que o mandou para seus campos apascentar os porcos.
Então, começou a sofrer privação,
desejando encher seu estômago
com as vagens que os porcos comiam,
mas ninguém as dava a ele.
Ao cair em si, refletiu:
quantos trabalhadores por jornada há na casa de meu pai
que agora têm pão em abundância!
Mas eu, aqui, a morrer de fome.
Quero ir até meu pai e dizer-lhe:
'Pai! Pequei contra Deus e contra ti.
Não sou digno de ser chamado de teu filho.
Faz de mim um de teus trabalhadores por jornada!'
Então se levantou e foi até o pai.
Porém, quando ainda estava distante,
seu pai o viu e, movido por compaixão,
correu, lançou-se-lhe ao pescoço e o beijou.
E o filho mais novo lhe disse:
'Pai! Pequei contra Deus e contra ti.
Não sou digno de ser chamado de teu filho.
Faz de mim um de teus trabalhadores por jornada!'
Mas o pai ordenou aos servos: 'Depressa!

Trazei a melhor roupa e vesti-o!
Colocai-lhe na mão o anel de sinete!
Calçai seus pés com sandálias!
Trazei o bezerro cevado e abatei-o!
Comamos e alegremo-nos! Pois este meu filho
estava morto. Vede! Foi reanimado!
Estava perdido. Vede! Foi reencontrado'."

Essa grande história sobre o amor de Deus por *todas* as pessoas seria o coração do Evangelho. *Todos* são convocados: os justos e os injustos, os bons e os maus, os gratos e os ingratos, os ciumentos e os arrependidos, os reconhecidos e os marginalizados, os pecadores e os devotos. Deus convida *todos* à sua grande celebração do amor. O convite a todos é válido incondicionalmente. Esquece o que se passou; és bem-vindo. Está tudo bem! Tudo ficará bem! Esquece todo o medo e vem para a celebração, à qual o Pai te convida. Esta, e nada mais, é a mensagem de Jesus. És exatamente como Deus quer que sejas. Porém: precisas partir, pouco importa se como pastor de porcos ou banqueiro, como pobre ou rico, como prostituta ou dona de casa: o principal é buscar o próprio caminho até *Abba*. Podeis aprender a crer no que não vede. E esse invisível é a bondade e a misericórdia de Deus.

O que Jesus narra nessa passagem é justamente a história da maioria das pessoas: em primeiro lugar, o afastamento de Deus e a vida longe Dele; depois, o retorno a Deus e a entrada em Seu Reino — mesmo que somente após muitos renascimentos. Segundo os ouvintes surpresos e desconfiados de Jesus, nunca ninguém tinha falado de maneira tão humana sobre Deus. E então esse homem extraordinário ainda narrou essa história de seu e de nosso *Abba* como do bom pastor.

59.
O bom pastor e a ovelha desgarrada

"Enquanto os publicanos ouviam Jesus,
alguns fariseus resmungavam:
'Este homem se ocupa de pecadores!'
E come com eles!
Então Jesus disse:
'Qual homem dentre vós,
tendo cem ovelhas e perdendo uma delas,
não deixa para trás as noventa e nove
e vai em busca da perdida
até encontrá-la?!
E, depois de encontrá-la,
chama seus amigos
e diz: 'Regozijai-vos comigo!
Reencontrei minha ovelha perdida!'?
Eu vos digo:
assim também Deus se regozijará
com um pecador que se tiver arrependido,

*mais do que com noventa e nove justos
que não necessitam de arrependimento'."*
(Mt 18,12-13 / Lc 15,1-7 RV)

Uma bela provocação para todos os presunçosos e devotos — mas essa é a nova imagem de Deus transmitida por Jesus! A soma de seus mandamentos é o amor. Por pura convicção! Por boa consciência! Por firme crença! Incondicionalmente! Como o amor de uma mãe por seu filho!

60.
Renascimento como condição para entrar no Reino de Deus

"*Amém! Amém! – Digo-vos:*
se não renascerdes,
não entrareis (novamente)
no Reino de Deus."
(Mt 18,3 / JuAp I 61.94 RV)

Günther Schwarz fez muitos sermões e deu muitas palestras a respeito dessas palavras de Jesus, que eram de uma importância central para ele. Não é de admirar que sua igreja tenha tido dificuldade para lidar com ele. Para o pastor Schwarz, o renascimento era parte da doutrina de Jesus. Porém, para as igrejas cristãs, esse aspecto e, com ele, essas palavras de Jesus, não desempenham nenhum papel. Em quem cremos mais: nas igrejas ou em Jesus? No Novo Testamento grego, esse discurso é traduzido da seguinte maneira: "Em verdade vos digo que, se não vos converterdes e não vos fizerdes como meninos, de modo algum entrareis no Reino dos céus".

Em muitos outros trechos dos evangelhos, Jesus também fala do renascimento.

61.
Jesus e o renascimento

*"Amém, amém! – Digo-vos:
quem não renascer
não poderá entrar novamente
no Reino de Deus."*

(Jo 3,3 RV)

Na tradução tradicional do Evangelho de São João, a passagem é semelhante: "Amém, amém, eu vos digo: quem não nascer de novo, não poderá entrar no Reino de Deus". Portanto, também no texto grego se trata do renascimento na famosa conversa noturna entre Jesus e Nicodemos. Contudo, isso não impede os teólogos de negar esse fato com interpretações elaboradas.

O renascimento significa que não há morte, e sim transformação, reencarnação e renovação. Não há morte: o grande tema de Jesus! Assim, o renascimento é uma grande oportunidade de desenvolvimento para nós, seres humanos, talvez até a maior de todas. A doutrina do renascimento pode fazer crescer em nosso íntimo uma nova sensação de proteção e ajudar a superar o medo da morte. Graças a essa percepção da reencarnação, podemos aprender que somos a primeira e verdadeira causa de nosso próprio destino. Renascimento significa que somos responsáveis por nossa vida. Segundo Jesus, nenhum sacerdote ou teólogo pode perdoar nossos erros; somos nós que temos de lidar com eles. Os sacramentos eclesiásticos são recursos mágicos que pouco nos ajudam. Não podem retirar nosso peso; o que fazem, antes, é nos impedir de decidir por nós mesmos. Segundo minhas próprias experiências nas confissões, talvez eles possam aliviar, mas não curar. O trabalho cabe a nós. A reencarnação nos coloca diante de nossa responsabilidade. Temos essa oportunidade várias vezes.

A conversa noturna entre Jesus e Nicodemos continua. Desconfiado, o velho e sábio Nicodemos pergunta: "Como pode um homem renascer, sendo velho? Porventura pode tornar a entrar no ventre de sua mãe e nascer pela segunda vez?" E Jesus afirma:

"Não te surpreendas se te digo:
é necessário que renasças!
És mestre em Israel!
E ignoras estas coisas?
Eu! Eu te digo:
falo daquilo que sei;
e dou testemunho do que vi."
(Jo 3,9-11 RV)

São as palavras do mestre Jesus em seu frescor original. Ele passa adiante esse saber não apenas a Nicodemos, mas também a seus discípulos. As igrejas ainda se manterão apegadas a seus sacramentos enquanto fazem tabu da doutrina de Jesus sobre o renascimento.

Jesus não precisava crer em Deus, pois O conhecia. Assim, tampouco precisava acreditar no renascimento, pois sabia de sua existência. Também não precisava estudar com os escribas, pois tinha contato constante com seu *Abba*.

Nossa vida é comparável a uma escola. Estamos aqui para aprender. Ou aprendemos por bem, ou não escaparemos de sofrer. Nesse sentido, Deus é implacável, pois quer ter *todos* nós de volta.

62.
Jesus: faço novas todas as coisas

"*E ninguém coloca mosto em odres velhos!*
Pois o mosto arrebentaria os odres
e se derramaria.
Há que se colocar o mosto em odres novos."
(Mt 9,17-18 RV)

Jesus sempre profere o termo "novo". Isso também causou certa insegurança e medo aos tradicionalistas de sua época e de todos os tempos. Segundo Hanna Wolff, "de fato, dificilmente outra palavra caracteriza tão bem Jesus quanto o termo 'novo'". No Apocalipse, último livro do Novo Testamento, ele diz: "Faço novas todas as coisas". Ele se depara claramente com uma harmonização ineficaz entre o antigo pensamento e seu novo modo de pensar. Seu novo conteúdo requer "odres novos". Para as igrejas cristãs e a maioria dos teólogos, é muito difícil compreender isso. Porém, Jesus não era um harmonizador.

Sua mensagem era e ainda é radicalmente nova. Não pode haver harmonia entre o Antigo Testamento e a nova mensagem de Jesus. Ele quer superar de uma vez por todas a antiga teologia do sacrifício, da culpa e do sangue, que predominava e até hoje predomina em muitas almas devotas e é expressão de um machismo primitivo e tosco. A esse respeito, diz Hanna Wolff: "Violando todas as funções do sentimento e do valor, Deus foi transformado em um monstro patriarcal insuportável, obrigado a sacrificar o sangue de seu próprio filho".

Vale citar apenas alguns exemplos do Novo Testamento para essa tese, com frequência contestada. No livro de Êxodo (31,15), lê-se a incrível sentença: "Todo aquele que trabalhar no dia de sábado será punido com a morte". Ou um excerto do livro de Levítico (20,10 e 13): "O homem que cometer adultério com a mulher de seu próximo será punido com a morte, ele e a mulher adúltera [...]". Ou um exemplo do livro de Números (25,3-4): "Então a ira do Senhor se acendeu contra Israel, e o Senhor disse a Moisés: 'Reúne todos os chefes do povo e empala-os para o Senhor na presença do sol, para que a ira ardente do Senhor se desvie de Israel'".

Ou ainda: "Matai todos os filhos varões e todas as mulheres que tiverem conhecido algum homem e dormido com ele" (Nm 31,17-18).

No Antigo Testamento, também se fala em "guerra santa" (por exemplo, em Jr 51,28: "Recrutai povos para a guerra santa [...]") e em "guerra de Deus".

Como é possível que uma teologia da "violência" como essa se harmonize com a doutrina de Jesus, como se tenta fazer até hoje em toda edição da Bíblia?

Segundo Hanna Wolff, "até o momento, o cristianismo nunca saiu de fato da sombra do judaísmo. Essa é sua culpa. Essa é sua tragédia, seu problema existencial". E é a razão pela qual hoje, mais uma vez, temos de retomar Jesus.

Por certo, isso também vale para os dois mil anos de história antiga do cristianismo, que ainda não é exatamente um jesuísmo. Em seu livro *Verbrecher, Opfer, Heilige. Eine Geschichte des Tötens* [Criminosos, Vítimas, Santos. Uma História da Matança], Peter Schuster apresentou de maneira convincente a seguinte ideia: existe todo um bestiário, uma história cruel de morte por esquartejamento, suplício da roda, tortura e extirpação das vísceras. E tudo em nome de Deus e de Jesus! Durante a Segunda Guerra Mundial, soldados de vários países "cristãos" partiram para a matança com o grito de batalha "Deus está conosco" estampado no cinturão. Nós, cristãos, fizemos tudo aquilo de que hoje acusamos os muçulmanos!

Até o momento, a nova imagem que Jesus propõe do ser humano e de Deus foi demonstrada neste livro pelas de suas palavras no Sermão da Montanha. Jesus beatifica os pacificadores. Mas ainda há muitos cristãos que gostam de um estágio de consciência anterior ao jesuânico e que pregam um Deus bélico e agressivo. No Antigo Testamento, as pessoas oram para que seus inimigos sejam destruídos e pisoteados na poeira. Jesus, ao contrário, diz que é preciso ter compaixão por quem nos hostiliza. Pois Deus ama todas as pessoas, como uma mãe ama seus filhos. Ou então: "Sede misericordiosos como também vosso Pai é misericordioso". Portanto: crescei, amadurecei, abri-vos, procurai, crede e amai com o coração e o entendimento. Nunca na história da religião se ilustrou e apresentou uma imagem mais bela de Deus do que esse parentesco espiritual entre Ele e os homens. Somos amados por Deus, assim como Jesus o foi – tal como exprimiu a voz celestial no Monte Tabor ou em seu batismo.

63.
Orai em segredo!

"Mas tu, quando orares,
deves entrar no teu aposento
e fechar a porta,
para que tua oração se faça em segredo!
E Abba, que te vê,
te recompensará em segredo!"
(Mt 6,6 RV)

Na época de Jesus, os três exercícios devocionais na esfera cultural judaica eram a caridade, o jejum e a oração. Com eles, as pessoas queriam e deveriam obter méritos perante Deus. No entanto, as palavras de Jesus mencionadas acima nos mostram que ele vê nesses exercícios uma autoexibição e os avalia de maneira totalmente diferente. O verdadeiro diálogo com Deus ocorre em segredo — apenas desse modo está livre de bravata. O Deus de Jesus não quer "méritos", e sim corações abertos e confiança integral.

64.
Sem confiança não há salvação

"Quem confiar poderá ser salvo. Quem não confiar não poderá ser salvo."
(Mc 16,16 RV)

Os Evangelhos falam de duas condições fundamentais para que o homem consiga ser curado por Jesus. "Queres ficar são?", pergunta a todo enfermo e, depois de curá-los, esclarece que a condição para a cura foi: "Tua confiança te curou". Jesus tinha a capacidade de inspirar a autoconfiança e a confiança das pessoas em Deus. Isso era o que fazia viver seu poder de cura que fascinava a todos.

Nos três primeiros Evangelhos, a narração sobre uma mulher que Jesus havia curado se encerra com o encorajamento que ele dirige a ela. Na tradução ecumênica da Bíblia na língua alemã a partir do grego, lê-se: "Filha, tua fé te salvou e te curou. Vai em paz" (Mt 9,22 / Mc 5,34 / Lc 8,48). Aí, o termo "fé" é usado de maneira tão tradicional quanto no credo cristão. No entanto, essa palavra é polissêmica. Na língua materna de Jesus, há apenas um vocábulo que ele pode ter usado: *humunata*, que não significa "fé", mas "confiança". O mesmo vale para o verbo *hemin*, que, se traduzido corretamente, também não significa "crer", mas "confiar". Por conseguinte, em sua língua materna, Jesus disse à mulher curada: "Filha! Tua confiança permitiu que te curaste. Vai em paz!" (RV). O "crer" eclesiástico é idêntico a uma obrigação externa: tens de crer! Ou: crer cegamente, pois assim é. Entretanto, a "confiança" cresce a partir de dentro! Baseia-se na liberdade imbuída de experiência.

65.
Autoridade, e não onipotência de Jesus

"Amém! Amém! – Digo-vos:
Abba me deu a autoridade
no céu e na terra,
para que eu conduza de volta à luz
aqueles que estão na escuridão;
para que eu conduza de volta à verdade
aqueles que estão no engano;
para que eu conduza de volta à luz
aqueles que estão na morte."
(Mt 28,16-20 RV)

Jesus era o procurador de Deus! Quem mais além dele poderia falar assim a nós, seres humanos? Os teólogos, os sacerdotes, os doutores da lei e os representantes de Deus ficaram horrorizados, mas "o povo", seus ouvintes, confiou nele.

Posteriormente, na versão grega, os escribas dos Evangelhos transformam essa "autoridade", que Jesus estabelece nessa passagem, em onipotência: "É-me dado todo o poder no céu e na terra" (Mt 28,18). Em seguida, Jesus teria descrito a si mesmo como onipotente. Que erro desastroso daqueles que acreditavam ter de melhorá-lo constantemente. Para ele, a onipotência, ou melhor, a onisciência cabe apenas a *Abba*. Segundo Günther Schwarz, "a diferença entre os dois textos é tão grande que o do Evangelho de São Mateus só pode ser chamado de falsificação". As igrejas dissimulam o verdadeiro Jesus e seu verdadeiro Deus. São falsificadoras de Jesus e, de acordo com Peter Rosien,* "falsificadoras de Deus". O Evangelho de São João descreve da seguinte maneira a verdadeira missão de Jesus: ele não teria vindo para "julgar", mas para "salvar". E, como salvador, também fala a respeito de seu "Abba". O "tribunal" divino não quer nos executar, e sim nos encorajar para a verdade e a veracidade na bondade compreensiva. Segundo Eugen Drewermann, uma religião como essa se tornaria "a psiquiatria do humanitarismo vivido".

---

* Teólogo, pastor e jornalista alemão. [N. da T.]

66.
Jesus e a verdade

"*Se perseverásseis nas minhas palavras,
seríeis verdadeiramente meus discípulos;
e reconheceríeis a verdade.
e a verdade vos libertaria.*"
(Jo 8,31-32 RV)

Portanto, em primeiro lugar: reconhecer a verdade e, em segundo: praticar a verdade! Até hoje, algo nada fácil. Reconhecer isso já é difícil, uma vez que nem mesmo os textos são corretos, tal como nos são apresentados. A compreensão das palavras só é possível se elas se aproximarem o máximo possível das originais. Mais uma vez, segundo Günther Schwarz: "Mas e se a palavra 'verdade' for deduzida da própria palavra 'verdade'? Especialmente de PQX, vocábulo hebraico para verdade. Lido da direita para a esquerda, ele consiste em um X, de valor numérico 1 e valor simbólico igual a 'origem'; em um Q, de valor numérico 40 e valor simbólico igual a 'tempo'; e em um P, de valor numérico 400 e valor simbólico igual a 'eternidade'". Em relação às palavras de Jesus, mencionadas acima ("reconhecer a verdade"), somos exortados a reconhecer a origem de sua existência em Deus, o sentido de sua existência no "tempo" e o objetivo de sua existência na "eternidade". Quem reconheceu isso como verdade foi libertado daquela miopia espiritual que só permite compreender o que é perceptível pelos sentidos.

67.
Jesus e a consciência

"*Todo aquele que falar contra mim
poderá ser perdoado por Deus.
Todo aquele que falar contra sua consciência
não poderá ser perdoado por Deus.
Todo aquele que confiar em Deus
poderá ser reanimado por Ele.
Todo aquele que não confiar em Deus
não poderá ser reanimado por Ele.*
(Mt 12,32 / Lc 12,10 / Mc 3,28-29 RV)

Por acaso vocês, caros leitores, já encontraram alguma ocorrência do termo "consciência" nos quatro Evangelhos? Os tradutores gregos devem ter sentido um medo enorme dessa palavra central na mensagem de Jesus, pois a evitam "como o diabo foge da cruz". Nas três passagens citadas acima, o vocábulo não aparece no texto grego oficial, embora tenha sido justamente o que Jesus quis dizer. É difícil conceber uma falsificação mais brutal e fundamental do modo de pensar de Jesus. Os falsificadores o enganaram e mentiram para nós. Pois todo o programa de Jesus era impregnado de perdão, confiança e consciência. Não há nenhuma dúvida: não são as leis, os mandamentos nem as autoridades eclesiásticas, políticas ou profissionais as questões decisivas em Jesus, mas apenas a consciência.

Segundo ele, nossa consciência é mais importante do que nossa carreira. Provavelmente, hoje o que o mundo mais precisa é de uma revolução jesuânica da consciência.

68.
Jesus não queria ser político

"De que me serviria
ganhar todos os homens
e, em seguida, prejudicar a mim mesmo?"
(Mt 16,26 / Mc 8,36 / Lc 9,25 RV)

Nos Atos dos Apóstolos, os discípulos perguntam a Jesus pouco antes de ele partir: "Senhor, restaurarás tu neste tempo o reino a Israel?" E ele lhes respondeu: "Não vos pertence saber os tempos ou os prazos que o Pai estabeleceu em seu poder. Mas recebereis a força do Espírito Santo, que há de vir sobre vós; e sereis minhas testemunhas, tanto em Jerusalém como em toda a Galileia e Samaria, e até aos confins da terra" (At 1,6-8).

Quase todas as pessoas que conviviam com Jesus esperavam que ele se tornasse um messias político e libertasse militarmente Israel do terrível jugo da ocupação romana. Sem dúvida, era um homem carismático, com capacidades políticas: sabia entusiasmar as pessoas e conquistá-las com discursos inteligentes. Porém, para ter sucesso na política, teria de se comunicar de uma maneira totalmente diferente.

Teria de se colocar no centro de seus discursos e de seu programa, a fim de conquistar todo o povo judeu. Teria de conduzir guerras – tal como fez Maomé seiscentos anos mais tarde –, mas ele preferiu incentivar a paz. Teria de prostrar-se perante o "diabo", mas quis cumprir a vontade de seu "Pai". Não quis proteger "seu" povo, e sim servir a *todos*. Não quis causar nenhuma ferida, mas curá-las. Somente assim é possível servir a Deus. Somente assim se reúne o que habita todo ser humano: o divino, aquilo que nos une. Este era o núcleo da nova postura espiritual de Jesus: a partir de agora, podeis dirigir-vos a Deus como um filho dirige-se à própria mãe. Essa, e apenas essa, era sua mensagem e sua missão. Os homens devem tornar a ser filhos da confiança.

O "Reino" de Jesus era o mundo espiritual. "Meu Reino não é deste mundo", disse ele a Pilatos. Sentia-se chamado a um reino interior, destinado a *todas* as pessoas em todo o mundo, e não como rei exterior de um único povo. Jesus não almejava nenhum poder político; ao contrário, queria indicar caminhos à humanidade.

69.
"Sou como uma fonte que jorra"

"Se alguém tiver sede,
venha a mim e beba!
Quem beber da água
que eu lhe der
nunca mais terá sede.
Mas essa água
que eu lhe darei
se fará nele uma fonte
que jorrará para sempre."
(Jo 7,37; 4,14 RV)

Jesus sai da Judeia rumo à Galileia e passa por Samaria. Cansado da viagem, por volta do meio-dia senta-se junto a um poço, conhecido como Poço de Jacó, na cidade de Sicar. Então vem uma mulher de Samaria, portanto não judia, para pegar água. Jesus lhe pede água. Surpresa, ela lhe pergunta: "Sendo tu judeu, como pedes de beber a mim, que sou samaritana?" Para os judeus, os samaritanos eram infiéis. Em seguida, Jesus chama a água de "dom de Deus", e a mulher lhe pede água. A resposta de Jesus encontra-se citada acima.

Água é mais do que H_2O. Tanto em sua dimensão material e química quanto na mental e espiritual, seu caráter duplo é claramente manifestado na resposta de Jesus. Em todas as religiões, a água é considerada uma dádiva de Deus. Ele age através dela; com seu auxílio, cria e preserva a vida. Água é vida. No Sermão da Montanha, Jesus diz: "*Abba* faz sua chuva cair sobre os justos e os injustos".

Através dos milênios, o mestre clamou àqueles que realmente queriam segui-lo: "Se alguém tiver sede, venha a mim e beba". Jesus seria a fonte de toda espiritualidade. Preconizou uma água que aplacaria a sede para sempre. A mulher contestou: não existe tal água! Mas o que ele disse em seguida tornou a despertar a curiosidade dela.

Além de ar puro, a água e o sol são as condições básicas para nossa vida. Não obstante, atualmente desperdiçamos e envenenamos nossa água. O climatologista e oceanógrafo Mojib Latif alerta: "Os oceanos estão morrendo".

A água nos acompanha do primeiro ao último segundo de nossa existência na terra. O padre Kneipp* resumiu a experiência de cura pela água com a seguinte fórmula: "*Aqua sanat* — a água cura". Contudo, somente os cidadãos norte-americanos lançam todos os anos 40 milhões de toneladas de lixo tóxico no sangue vital de nossa terra, os oceanos. Na Idade Média, os envenenadores de poços deviam contar com a pena de morte. Hoje, sentam-se a mesas de gabinetes e no topo de grandes empresas químicas.

---

* Referência ao padre alemão Sebastian Anton Kneipp (1821-1897), que ficou conhecido como hidroterapeuta e naturopata. [N. da T.]

Esse envenenamento de poços é apenas um símbolo da indiferença global em relação à água espiritual que Jesus nos promete. As igrejas também têm cada vez menos acesso a essa água. Atualmente, a mensagem de Jesus está tão envenenada quanto a água dos oceanos. Quem beberia de livre e espontânea vontade uma água contaminada? As pessoas buscam outras fontes e abandonam as igrejas.

70.
O Jesus ecológico e o século XXI

"Um homem lança semente em seu campo.
À noite, dorme,
de dia, levanta-se.
E a semente brota e cresce.
Como? Ele não sabe.
Por si só, o campo frutifica:
primeiro surge o talo,
depois surge a espiga,
por fim, o trigo na espiga.
Mas quando o cereal está maduro,
o homem logo lhe mete a foice,
porque é chegada a colheita."
(Mc 4,26-29 RV)

O jovem aldeão Jesus caminha com seus seguidores pelas montanhas da Galileia e às margens do Lago de Genesaré. Aos agricultores, narra a história da semente; aos pastores, a do bom pastor; aos pescadores, a da pesca abundante; e às donas de casa, a da dracma reencontrada. "Vede! Conhecei tudo!" Fala dos animais e das plantas, também conhecidos de seus ouvintes. Ou então de lixo, campos, carcaças de animais e espigas, espinhos e cardos, comida, terremotos, terra, asnos, anjos e vida eterna, Deus, relva, chuva, videiras, amadurecimento, sol, areia e grão de areia, alma e bênção, amoreiras e mosquitos, pai e pássaros, crescimento e peregrinação, vinho e pastagens, nuvens, sabedoria e trigo, milagres e lobos, vermes, raízes e deserto. Até hoje, os aldeões compreendem muito bem essa linguagem.

Conforme já mencionado no Capítulo 26, a coroação é a seguinte: a semente, o fruto ou a verdura cresce "por si mesma". O sol brilha "por si mesmo", o vento sopra "por si mesmo", a água corre "por si mesma" e se purifica "por si mesma", assim como as árvores e as plantas crescem "por si mesmas". E tudo isso absolutamente de graça. Só precisamos aprender a receber, e é nisso que temos tanta dificuldade.

Também chamo Jesus de ecológico, pois ele foi um grande poeta da natureza e, para felicidade dos homens, não foi teólogo. Para ele, a natureza e toda a Criação constituem a verdadeira revelação de seu Pai, simplesmente *a* prova da existência de Deus. Na doutrina e na vida de Jesus encontram-se as raízes de uma ética e de uma espiritualidade ecológicas, que hoje talvez ainda possam nos ajudar ou até salvar em meio à crise ecológica.

As parábolas de Jesus sobre a natureza não são poemas românticos, e sim a visão de uma presença de Deus, útil justamente nos dias atuais. O teólogo Matthew Fox resume a teologia ecológica de Jesus na seguinte frase: "Deus está em tudo e tudo está em Deus".

Jesus era um teólogo ao ar livre — assim seria chamado por jovens que gostam de praticar esportes na natureza. Por mais de dois anos, entre 28 e 30, o Nazareno peregrinou como contador de histórias e pregador pelos vilarejos de sua pátria, na Galileia Superior, e mais tarde várias vezes pela Pereia, rumo a Jerusalém, ao longo do rio Jordão e por Samaria. Realizou muitas viagens de barco no Lago de Genesaré, partindo de Cafarnaum, onde, como artesão, construíra ou comprara uma casa, como a maioria de seus colegas de ofício. Foi para o Norte, nas terras sírias de Tiro, e para o Sul, até o Mar Morto, na Judeia, e de volta a Cafarnaum, rumo a Jerusalém. Lucas fala a respeito dessas viagens: "Durante o dia, Jesus ensinava no templo. À noite, deixava Jerusalém (porque era muito perigoso para ele ficar lá), a fim de pernoitar em Betânia. Já de manhã cedo, muitas pessoas iam ter com ele, a fim de ouvi-lo" (Lc 21,37-38). Em sua última grande viagem, foi conscientemente para Jerusalém, onde buscava o conhecimento exato. É provável que tenha sido crucificado na cidade no dia 7 de abril do ano 30 em razão de sua convicção. Por conseguinte, o primeiro domingo de Páscoa foi o dia 9 de abril do ano 30, quando Jesus tinha 36 ou 37 anos, segundo os cálculos de Günther Schwarz.

71.
Misericórdia é o novo nome de Deus

Uma de suas mais belas parábolas é a história do samaritano misericordioso, com a qual ele silencia um escriba durante uma discussão:

"Descia um homem, um viajante,
de Jerusalém a Jericó,
e caiu nas mãos de ladrões,
que o roubaram,
despiram
e espancaram.
Deixaram-no para trás,
entre a vida e a morte,
e partiram.
Por acaso, pelo mesmo caminho,
desceu um sacerdote,
que o viu e passou ao largo dele.
De igual modo, também um levita,
que chegou ao local,

viu-o e passou ao largo dele.
Então passou um samaritano
pelo mesmo caminho.
Viu-o e compadeceu-se dele.
Alimentou-o.
Deu-lhe de beber.
Atou suas feridas.
Sentou-o em seu asno,
levou-o a uma hospedaria
e cuidou dele.
Na manhã do dia seguinte,
pegou dois denários,
deu-os ao hospedeiro e disse:
'Cuida dele!
E tudo o mais que ele te custar,
pagarei quando voltar'.
Então Jesus perguntou ao escriba:
'O que achas?
Qual dos três
foi companheiro daquele
que caiu nas mãos dos ladrões?'
Ele respondeu:
'O que dele se compadeceu'.
Jesus respondeu:
'Vai, tu também!
E age do mesmo modo'".
(Lc 10,25-37 RV)

Há dois mil anos essa comovente história é narrada no mundo inteiro. É muito apreciada, sobretudo entre os hindus, na Índia. Deus quer fazer de todos os povos *um* único povo, o *seu* povo. E de todas as religiões *uma única* religião, a *sua* religião. E essa sua religião se chama humanidade.

72.
Jesus e os pecadores

A seguinte parábola também é impressionante:

"E qual a mulher entre vós que,
tendo dez dracmas,
se perder uma,
não acenderá uma candeia
e varrerá a casa e a procurará
até encontrá-la?!
E, depois de a encontrar,
não chamará as amigas,
dizendo: 'Alegrai-vos comigo!
Reencontrei minha dracma perdida!'?
Eu vos digo:
Deus também se alegrará
mais por uma pecadora que tiver se arrependido
do que por nove justos que não necessitem de arrependimento".
(Lc 15,8-10 RV)

Não se trata de nenhuma teologia complicada, mas de histórias simples para qualquer pessoa. Deus se alegra por pecadores arrependidos, tal como a mulher se alegrou pela dracma encontrada, tal como um pai se alegra pelo filho que retorna ao lar ou como um pastor por uma ovelha reencontrada.

73.
A revolução de Jesus pela pureza

"*O que entra na boca do homem
não pode torná-lo impuro.
Apenas o que sai dela
pode torná-lo impuro.*"
(Mt 15,11 / Mc 7,15 RV)

Para o judaísmo ortodoxo como um todo, uma frase como essa representava uma revolução: Jesus questionava os mandamentos da pureza relativos aos cultos externos, assim como questionava quase tudo o que era externo. Com isso, colocava em dúvida os exercícios de culto das pessoas excessivamente devotas de seu povo.

Por certo, o que Jesus queria transmitir era que nenhum ser humano se torna impuro por aquilo que come, e sim por aquilo que diz, que sente em seu íntimo. Não são os rituais religiosos que determinam a obra de nossa vida, mas nossa postura interior. Mais importante do que lavar as mãos para o culto é a pureza de nossa alma.

Depois dos ataques terroristas em novembro de 2015, em Paris, e de março de 2016, em Bruxelas, muitos políticos e jornalistas voltaram a falar de "guerra contra o terror". Guerra contra quem? Cinco dos sete terroristas mortos em Paris haviam crescido na Europa, assim como os dois irmãos Tsarnaev, que em 2013 cometeram o atentado em Boston, eram cidadãos norte-americanos. Muitas vezes, os terroristas são nossos próprios filhos. Os autores do atentado em Bruxelas eram da Bélgica e tinham bons contatos na Alemanha. Nesse contexto, quem fala em "guerra" esquece que teríamos de conduzir uma guerra civil ou, como disse Jesus acima, está envenenando a si mesmo. A guerra é o pior veneno de todos os tempos.

Na Páscoa de 2016, li no jornal *Bild*: "A melhor proteção contra o terrorismo ainda é matar a maior quantidade possível de terroristas ou trancá-los na prisão". Quem fala ou escreve algo do gênero ainda não entendeu a mensagem de Jesus, mesmo dois mil anos depois: "Apenas o que sai de sua boca (ou de sua caneta) pode tornar o homem impuro". Os problemas não se resolvem com bombas. De quantos milênios ainda vamos precisar para entender o Pregador da Montanha? Após o dia 11 de setembro de 2001, o Dalai Lama escreveu a George W. Bush: "Caro senhor presidente, Bin Laden também é nosso irmão". Esse presidente, que se referia a Jesus, não entendeu nada. Hoje vemos as consequências em todo o Oriente Médio.

74.
Protegei-vos dos devotos!

Jesus se enfurece com a arrogância e a presunção dos falsos devotos e faz discursos enraivecidos contra eles (cf. o Evangelho de São Mateus, 23,1ss. RV). Basicamente, esses discursos são parte integrante de seu lado viril e pouco tolerados por delicadas almas devotas:

"'Ai de vós, fariseus,
que pagais o dízimo em hortelã,
endro e cominho,
mas desprezais os preceitos mais importantes da Torá:
a justiça e a misericórdia!

Ai de vós, fariseus,
que limpais por fora
o copo e o prato,
mas por dentro estais cheios
de sujeira e ferrugem!

Ai de vós, fariseus,
que por fora pareceis

221

justos,
mas por dentro estais cheios de injustiça!
Ai de vós, fariseus,
que vos assemelhais aos sepulcros caiados, reluzentes por fora,
mas por dentro estais cheios
de ossos!
Ai de vós, escribas,
que sobrecarregais os homens
com pesados fardos,
mas vós mesmos não os moveis
sequer com o dedo!
Ai de vós, escribas,
que escondeis a chave do conhecimento
do Reino de Deus,
mas vós mesmos não entrais
nem deixais entrar nele.
Vós, condutores ignorantes,
que filtrais mosquitos
e engolis camelos.
Estudais as Escrituras porque esperais
que, por intermédio delas, sereis admitidos perto de Deus.
Mas a mim não quereis vir
para serdes admitidos perto de Deus por meu intermédio.
Se digo a verdade,
por que não acreditais em mim?'
E a seus seguidores recomendou, por fim:
'Protegei-vos dos escribas,
que se apresentam em trajes de luxo,

dormem com as viúvas
e, para disfarçar, fazem longas orações!'"
(Mt 23, versículos mesclados, RV)

Se mosquitos e camelos entram em competição e o endro e a hortelã são ironizados como tributos, então, mesmo com toda ira, o humor está em jogo. Costuma-se esperar algo desse humor na atual equipe em terra de Jesus.

75.
O que é e o que não é importante?

"Quem é sincero no que não é importante também será sincero no que é importante. Porém, quem não é sincero no que não é importante também não será sincero no que é importante."
(Lc 16,10 RV)

Com essas palavras, Jesus queria inculcar em seus amigos que é fundamental ser absolutamente autêntico tanto nas coisas essenciais quanto nas que não são essenciais. Essa exortação deveria levar as pessoas relevantes da Igreja a pensar que aquilo que ensinam e preconizam deve corresponder meticulosamente ao que seu mestre ensinou e preconizou. Do contrário, não estarão sendo "sinceras no que é importante". Quando é que houve traduções eclesiásticas oficiais das principais palavras de Jesus a partir do aramaico?

Mais um texto de profunda clareza jesuânica. Aos olhos de Jesus, sem dúvida, o verdadeiro bem é Deus. Para os seguidores de Jesus, o real patrimônio deve ser a recompensa no Reino de Deus. O patrimônio terreno apenas nos é confiado. Contudo, também há que se prestar contas sobre "o que não é importante", e somente depois sobre "o que é importante". A verdade nos espera no mundo espiritual.

76.
Quando finalmente reinará a paz?

"Se fôsseis perspicazes entre vós, viveríeis em paz uns com os outros."
(Mc 9,50 RV)

Essa passagem é um bom exemplo de quão incompreensível e até mesmo grotesca pode ser a tradução tradicional e literal do Novo Testamento a partir do grego. No Novo Testamento que muitos leitores têm em casa, esses versículos do Evangelho de São Marcos aparecem da seguinte forma: "Tende sal em vós mesmos e vivei em paz uns com os outros". Assim se lê na tradução ecumênica da Bíblia na língua alemã. Alguém consegue entender o que esta frase significa: "Tende sal em vós mesmos"?

O que Jesus teria querido dizer com ela? Trata-se de um vergonhoso erro de tradução. Ao estudar o Talmude, Günther Schwarz descobriu o que se entende pelos conceitos simbólicos de "sal" e "salgado": perspicaz! E faz sentido, especialmente quando se trata de guerra ou paz. Portanto, Jesus sugere que o homem dotado de razão também faça uso dela, de uma vez por todas. Isso é possível, como comprovam muitos exemplos históricos. Um deles é a revolução pacífica da razão, realizada na Alemanha em 1989.

É difícil resumir de maneira tão sucinta, como o fez Jesus, o principal problema do convívio pacífico, que a humanidade enfrenta desde tempos imemoriais. No Sermão da Montanha ele apresenta sugestões concretas de como o convívio pacífico pode dar certo. A paz é possível — certamente não por meio da preparação de guerras. Quem quer paz precisa prepará-la. Precisamos aprender a realizar, de uma vez por todas, uma política inteligente como a do Sermão da Montanha. Há que se pôr um fim em pretextos precipitados como "não é possível governar com o Sermão da Montanha". Cristãos sérios simplesmente não deveriam dizer algo tão primitivo, muito menos falar de paz quando autorizam a exportação de armas.

O amor de Jesus pelo inimigo não é tolice, e sim um ato de inteligência. Ter amor pelo inimigo significa ter a coragem de dar o primeiro passo para a aproximação. É a soberania interior, e não a insistência obstinada em ter razão. O amor pelo inimigo não são pequenas moedas teológicas, que podem ser especuladas, e sim a vontade de nosso Criador comum. Amor pelo inimigo significa: seja mais inteligente do que seu inimigo!

77.
Conhece a ti mesmo

"*Se alguém quiser me seguir,
terá de conhecer a si mesmo e carregar meu jugo.*"
(Mt 16,24 / Mc 8,34 / Lc 9,23 RV)

Na tradução da Bíblia na língua alemã, utilizada pelas igrejas católica e protestante, esses versículos também tiveram seu sentido totalmente alterado: "Quem quiser ser meu discípulo, que negue a si mesmo, tome sua cruz e me siga".

E então? Autoconhecimento ou autonegação? Nas igrejas ensina--se a autonegação. A esse respeito, diz Günther Schwarz: "Colocar essas palavras na boca de Jesus deveria causar vergonha". Por acaso o leitor sabe o que significa autonegação? Nada além de negação de Deus. E Jesus teria ensinado um absurdo desses? Deus nos queria exatamente como somos. Por que haveríamos de negar isso? Caso se tratasse de autonegação, por que teríamos de buscar e pedir? Se fomos tão longe a ponto de podermos "bater" às portas do céu, então é porque percorremos o caminho do autoconhecimento. E não teria

Jesus dito anteriormente: quem bate à porta com persistência poderá ser admitido por Deus? Por certo, a condição para a admissão não é um sacramento como o batismo, e sim o caminho que percorremos até o destino. E Jesus nos mostrou esse caminho: "Sou o caminho, a verdade e a vida". E o que seria o jugo que ele nos recomenda? Nada além de seu duplo mandamento do amor. Ama teu próximo como a ti mesmo. A maioria dos cristãos ignorou a segunda parte deste "mandamento". Um jugo brando! O Sermão da Montanha é um caminho para o conhecimento de si mesmo e do mundo. O que as igrejas não fizeram com essas indicações de Jesus! Tornaram-nas kitsch e eclesiásticas, divinizadas e reprimidas. E colocaram uma criança desamparada no colo de uma rainha celestial. Em muitos textos eclesiásticos, Maria chega a ser chamada de "noiva de Cristo". Uma mãe que não apenas tem de ser "virgem", mas também a "noiva" de seu próprio filho. Santa ingenuidade!

78.
Encorajar em vez de desencorajar

"Amém! Amém! – Devo dizer-vos:
no dia do Juízo,
os homens terão de prestar contas
de toda palavra desencorajadora
que disserem."
(Mt 12,36 RV)

Que alusão atual e útil em tempos de assédio moral! Logo após nossa morte, no dia do Juízo, teremos de prestar contas sobre cada "palavra desencorajadora" que tivermos pronunciado. Portanto, Jesus nos sugere pensar e prestar atenção antes de falar – principalmente em relação às crianças, pois, quanto mais jovens forem, mais podemos destruir ou, pelo menos, perturbar a autoestima, a coragem para a vida, e a personalidade delas, bem como ferir a confiança que elas têm em Deus.

79.
Nunca desista!

"Aquele que pôs a mão no arado
e depois volta para a casa
não é apto para o Reino de Deus."
(Lc 9,61.62 RV)

Sem dúvida, Jesus entende alguma coisa de arado e aragem. Por isso, sabia o que devia ser feito para que o arado penetrasse com profundidade suficiente no solo. Nessa passagem, Jesus entende que quem quer ser apto para o Reino de Deus precisa ter perseverança e não pode deixar-se abater pelas dificuldades.

Há cinquenta anos, Rosi Gollmann, professora de religião em Bonn, soube que em Bangladesh um milhão de pessoas estavam ficando cegas por causa da catarata e começou a recolher doações na Alemanha para as respectivas cirurgias oftálmicas. Na época, uma operação desse tipo devia custar 26 marcos alemães, não muito na Alemanha, mas uma fortuna para os pobres de Bangladesh. Algumas pessoas lhe objetaram: "Com um milhão de cegos, por onde você, uma simples mortal, pensa começar?" Sua singela resposta: "Pelo primeiro!" E começou a coletar dinheiro em seu círculo de amigos, sua escola e sua paróquia. O primeiro cego pôde ser operado. Relatamos essa experiência várias vezes em meu programa televisivo *Report Baden--Baden*. Os espectadores doaram 20 milhões de marcos, e em 2002 pudemos filmar a milionésima cura da cegueira no abrigo de pobres da Ásia. Atualmente, 1,4 milhão de ex-cegos podem enxergar, pois os espectadores se comoveram e seguiram a consciência de *uma* única mulher. Segundo Jesus, quem reconhece algo como correto e importante nunca deve desistir.

Para que todos possam de fato compreender o que o grande encorajador de Nazaré queria dizer, suas palavras são ainda mais claras no Evangelho de São Tomé: "Sempre que caíres, levanta-te! E serás salvo". Um belo encorajamento saído da boca do grande amigo e conhecedor do ser humano. Não são necessários nenhuma instância intermediária, nem discurso sobre o arrependimento diário e a constante expiação, nem sacerdotes, confissões e pregadores de indulgência. Depende de você encontrar a permissão para entrar no mundo espiritual e ser salvo. A Igreja não é importante, pensava o jovem rabino há dois mil anos. O fundamental é tornar a se levantar como uma criança que sempre cai quando está aprendendo a andar, mas que justamente assim aprende a andar.

É provável que essas palavras de Jesus se destinassem a alguém em desespero. E, como devem tê-lo ajudado, seus colaboradores a escreveram fielmente para nós.

80.
A Boa-Nova para todos: sobre a ação eficaz

"Ide!
Proclamai a Boa-Nova a todos os homens!
E ensinai-os a seguir
tudo o que vos prescrevi!
E vede!
Estou convosco
todo o tempo
até o fim!"
(Mt 28,19-20 / Mc 16,15 RV)

Palavras de Jesus a seus discípulos. Nesse momento, eles tinham a missão de transmitir uma mensagem. Essa missão vale até hoje e para sempre — até que *todos* sejam salvos. Assim imaginava Jesus. "Proclamar" uma mensagem significa torná-la conhecida, mas sem coerção. Trata-se de um amadurecimento espiritual, que só pode ocorrer espontaneamente. Amadurecer para ser admitido no mundo espiritual, nossa pátria eterna.

Jesus prometeu auxílio espiritual e assistência aos seus. Esse compromisso só pôde ser cumprido até pessoas ávidas de poder obstruírem a fonte das inspirações de Jesus e tornarem sua mensagem praticamente irreconhecível.

81.
Controlar o que se diz ou permitir que as palavras jorrem descontroladamente?

*"O homem bom faz a bondade jorrar
da boa abundância de seus sentimentos.
E o homem mau faz a maldade jorrar
da má abundância de seus sentimentos."*
(Mt 12,35 / Lc 6,45 RV)

Como bom conhecedor do ser humano, Jesus faz uma distinção entre "falar" e "jorrar". O que caracteriza o homem não é o que ele diz de maneira controlada, e sim o que "jorra" dele sem controle, pois é verdadeiro e sincero. Jesus transmitiu essa percepção a seus discípulos.

Nos dias atuais, qualquer pessoa pode fazer essa mesma distinção inteligente se comparar as promessas dos partidos antes das eleições com aquilo que a maioria deles efetivamente faz. Eles sempre falam de "paz", mas preparam as próximas guerras, por exemplo, exportando armas.

82.
Quem pode acrescentar um único ossículo?

"Qual de vós
pode acrescentar
um único ossículo
a seu esqueleto?"
(Mt 6,27 / Lc 12,25 RV)

De fato, quem pode fazer isso? É preciso imaginar essa observação espirituosa de Jesus de maneira bastante concreta e prática! Afinal, seria algo digno de uma olimpíada de cirurgiões!

Jesus gostava de iniciar as discussões com seus adversários com a seguinte pergunta: "Qual de vós?" Trata-se de uma pergunta sutil, pois a resposta só poderia ser: "Ninguém pode". — "Pois bem!", diria ele, então. Infelizmente, não chegou até nós a pergunta que seus adversários lhe dirigiram. Seja como for, deveria ser absurda, pois ele a respondeu com a absurda réplica acima. Eu adoraria ter visto a cara de decepção de seus presunçosos adversários.

83.
Sábios escondidos — iletrados revelados

"Agradeço-te, Abba,
por essas coisas serem escondidas dos sábios
e reveladas aos iletrados.
Sim, Abba! Santo!
Porque esta era a Tua vontade."
(Mt 11,25-26 / Lc 10,21 RV)

Na maioria das vezes, Jesus orava sozinho, em retiro, tal como nos recomendou, ou seja, em silencioso aposento. Mas essa oração de agradecimento ele fez publicamente, pois lhe era especialmente importante. Estava decepcionado porque os teólogos de sua época, os escribas e os fariseus não o entenderam e quase rejeitaram sua atuação em unanimidade. Apenas um pequeno grupo de "iletrados" o compreendeu, os aldeões sem estudo, e o seguiu. Assim foi e muitas vezes assim é até hoje. Os tradicionalistas sempre sabem tudo melhor — porque sempre foi assim. Em uma discussão sobre o livro anterior a respeito do Jesus "aramaico", uma teóloga graduada me perguntou com indignação: "Por acaso o senhor estudou teologia?" Mais uma vez, porque essa também foi a experiência de Jesus, vale ressaltar: o poder do hábito é o maior inimigo da verdade. Quanto mais velha a pessoa, mais essa experiência é válida. Quem gosta de mudar de mentalidade, se a vida inteira aprendeu ou até mesmo ensinou outra coisa? O principal problema da novidade são sempre os representantes, os especialistas e os técnicos do pensamento antigo. Como teria sido se há dois mil anos os "sábios" também tivessem seguido Jesus? Muito provavelmente, teriam reinterpretado suas palavras desde o início e tentado "melhorá-las". E teria sido ainda pior do que as tentativas posteriores de "corrigi-lo", das quais trata este livro.

84.
Jesus era ciente, mas não onisciente

"*Nada sei*
sobre aquele dia;
nem os anjos sabem,
apenas Abba."
(Mt 24,36 / Mc 13,32 RV)

Jesus conhecia Deus, seu Pai, bem como os anjos, os demônios e os homens. Sabia do que estava falando quando se referia a eles. Era ciente, mas não onisciente, como acreditam muitos cristãos. Fez o discurso acima depois de ter previsto a destruição do templo de Jerusalém.

Era um salvador, um exorcista, um profeta, um poeta, um professor, mas em tudo um servidor. Sempre testemunhou e comprovou essas múltiplas capacidades e essa coerência, não para se orgulhar, e sim para se revelar à humanidade. Na retroversão poética para sua língua materna, o aramaico, sua vontade é bastante clara: lemos aqui que temos de distinguir onisciência de "ciência de muitas coisas".

Aprendemos que ninguém, além de Deus, pode ser onisciente e que não há problema em não saber tudo, pois onde nosso conhecimento termina, recomeça a confiança em Deus. Justamente a compreensão de Jesus sobre sua limitação o torna tão humano. Porém, sua confiança na infinitude de Deus tornava-o divino, como cada um de nós, se estivermos prontos para Nele confiar.

85.
Quem exalta a si mesmo será exaltado

*"Quem humilha a si mesmo
será humilhado.
E quem exalta a si mesmo
será exaltado."*
(Mt 23,12 / Lc 14,11; 18,14 RV)

Na Bíblia que o leitor tem em casa lê-se o contrário do que Jesus realmente disse. Não poderíamos ter nos enganado mais a seu respeito. Por mais de dois mil anos, essa tradução tão errônea causou catástrofes psíquicas nas pessoas que acreditaram cegamente nas autoridades eclesiásticas. A comparação vale a pena.

Na tradução ecumênica da Bíblia na língua alemã, lê-se no Evangelho de São Mateus e duas vezes no de São Lucas: "E o que a si mesmo se exaltar será humilhado; e o que a si mesmo se humilhar será exaltado". Teria mesmo Jesus nos exortado a nos humilharmos e nos apequenarmos? É o que cristãos conscientes se perguntaram durante muito tempo, desconfiados. Eu mesmo sempre tive problemas com essa suposta frase de Jesus. Ele nos convocou para algo grandioso. Como poderia querer nos "humilhar"? Que imagem fatal do ser humano e que imagem assustadora de Deus! Isso sempre me soou como uma autonegação exagerada. Não combina nem um pouco com a autoconsciência à qual Jesus nos encoraja em tantas outras passagens. As autoridades eclesiásticas quiseram nos humilhar com esse absurdo, mas nunca o verdadeiro Jesus.

Por isso, finalmente temos uma tradução sensata, oportuna e adequada a um Jesus humanitário e a uma imagem moderna e consciente do ser humano.

86.
Sobre o trigo e a erva daninha

"*Alguém semeou trigo
em seu campo.
Porém, enquanto as pessoas dormiam,
veio o inimigo,
foi até o campo e semeou joio
entre o trigo.
Quando as plantas germinaram
e formaram espigas,
o joio também
apareceu entre o trigo.*"
(Mt 13,24-26 RV)

Nessa passagem, o próprio Jesus responde à pergunta que também me fizeram após a publicação do meu primeiro livro sobre o Jesus "aramaico": como os cristãos puderam falsificar a mensagem de Jesus até torná-la irreconhecível?

Ele bem que previu essa catástrofe, tanto que proferiu a parábola do trigo e da "erva daninha" (joio), apresentada acima.

Com "alguém semeou trigo", Jesus referia-se a si mesmo, que semeara o fruto vital. No entanto, o "inimigo" ou o "diabo" não permaneceu inativo, não estava dormindo, e semeou "joio" entre o trigo, ou seja, falsificações dogmáticas. Portanto, gerou confusão. Os biólogos nos esclareceram que, do ponto de vista botânico, o joio é semelhante ao trigo e que ambos só podem ser distinguidos quando formam espigas. Misturada ao joio, a farinha de trigo produz uma matéria nociva à saúde. Do ponto de vista espiritual, mais nociva ainda é a mistura da obra da vida, do sofrimento e dos ensinamentos de Jesus com o joio de cristãos que acreditam ter a obrigação de corrigi-lo. Segundo Günther Schwarz, essa foi uma obra do diabo, uma falsificação maligna já nas fontes.

Durante sua vida profissional, Schwarz também trabalhou intensamente com a seguinte percepção: "Poder reconhecer o ritmo das palavras de Jesus não é absolutamente secundário. Ao contrário. Poder determiná-lo de maneira apropriada é a pré-condição para reconstruir seu texto original e, com ele, recuperar sua propriedade espiritual. Quando isso dá certo, pode-se ter certeza (sem pretensão de infalibilidade!) de se ler e ouvir suas palavras sem tons errôneos. Em nenhuma outra língua do mundo o falar ritmado era tão marcado como no aramaico, no qual crianças pequenas já entoavam pelas ruas canções cadenciadas".

87.
Jesus como resgate

*"Vim à terra
para dar meu ser em resgate de todos."*
(Mt 20,28 / Mc 10,45 RV)

Com essas palavras, Jesus fala de tudo e de todos. Raramente ele se pronunciava na primeira pessoa. Era modesto demais para isso. Em vez disso, quando se referia a si mesmo, utilizava a expressão "filho do homem". Porém, considerava essa mensagem importante demais para reelaborá-la. Sua doutrina vale para todos. Trata-se de tudo e de todos, pois ninguém pode dar mais do que si mesmo, seu próprio ser, em resgate de todos.

Com sua mensagem e a dedicação de sua vida, ele queria libertar *todos* os homens da escravidão espiritual imposta por Satanás como "príncipe deste mundo" (Jo 12,31 / 14,30 / 16,11). Nunca um ser humano fez tentativa maior. Por isso, designo Jesus como o ser humano *mais singular* de todos os tempos.

88.
Encontrar a paz em Jesus

"Vinde a mim, vós todos
que estais aflitos e sofreis!
Eu vos darei paz.
Tomai sobre vós meu jugo
e aprendei de mim,
que sou manso
e humilde de coração;
e encontrareis repouso para vós mesmos!
Pois meu jugo é brando
E meu fardo é leve."
(Mt 11,28-30 RV)

Provavelmente essas são as mais belas palavras de consolo de Jesus aos que estão aflitos e sofrem. Estes o procuravam em massa, pois ele os ouvia e conseguia curá-los. Podemos supor que entre os anos 12 e 35, período sobre o qual o Novo Testamento não nos fornece nenhuma informação sobre ele, além de sua profissão de artesão ele aprendeu a curar e a exorcizar, pois mais tarde mostrou-se bem-sucedido nessas práticas, para espanto de seus seguidores.

Aos muitos doentes que o procuravam porque confiavam nele como salvador, ele prometia dar, em primeiro lugar, a paz. A medicina atual sabe que a paz é uma precondição essencial para um processo eficaz de cura. Com o "fardo leve" de seu "jugo brando", Jesus se referia ao duplo mandamento do amor por Deus e pelo próximo. Toda pessoa experiente sabe que, desse modo, é mais fácil percorrer a vida.

89.
O estreito caminho para o Reino de Deus

*"Quão largo é o caminho
que conduz à morte!
E muitos são os que
o percorrem.
Quão estreito é o caminho
que conduz à vida!
E poucos são os que
o encontram."*
(Mt 7,13-14 RV)

Jesus retoma aqui o antigo motivo dos dois caminhos: um que conduz à morte, e o outro, à vida. Trata-se de dois caminhos opostos de vida: um leva para longe de Deus, e o outro, para perto Dele.

Para Jesus, perto de Deus está o mundo espiritual, e longe dele, o que ele costumava designar como "trevas".

Para se chegar ao mundo espiritual e nele ser admitido, é necessário satisfazer algumas condições: ter uma longa vitalidade espiritual, associada a uma disposição constante para o aprendizado e ao prazer em evoluir. Somente assim o ser humano estará *maduro* para entrar no mundo espiritual.

90.
Pedro da pedra ou Jesus da pedra?

*"Este é meu filho, o único
em quem meu ser se compraz.
Obedecei-lhe! Pois ele é a pedra.
Sobre estas pedras
construirei meu templo.
Os guardiões das portas do inferno
não poderão vencê-lo.
Dar-lhe-ei as chaves
para o Reino do céu.
A quem ele o fechar,
que lhe seja fechado.
E a quem ele o abrir,
que lhe seja aberto."*
(Mt 17,5; 16,18-19 RV)

Em dezembro do ano 29, Jesus levou seus discípulos Pedro, Tiago e o irmão deste, João, a uma alta montanha, onde se transfigurou no brilho de uma luz diante deles. No Evangelho de São Mateus, lê-se: "Seu rosto brilhou como o sol, e suas vestes tornaram-se ofuscantes como a luz". Uma voz celestial lhes revelou a unicidade de Jesus. Para os racionalistas do século XXI, obviamente a "voz celestial" que se manifesta desse modo sobre um ser humano é uma pretensão. Afinal, onde é que existem coisas como "brilho da luz" e "voz celestial"? No entanto, além do texto citado acima, há dois outros testemunhos textuais que simplesmente não podemos deixar de lado só porque seu conteúdo não nos agrada. Na retroversão aramaica do Evangelho de São João (1,14), lê-se: "Vimos o brilho da luz do único filho de *Abba*". E na primeira Epístola de São Pedro, a retroversão aramaica traz o seguinte texto: "Tornamo-nos testemunhas do brilho de sua luz [...] e pudemos ouvir essa voz vinda do céu quando estávamos com ele na montanha sagrada". Segundo a medicina chinesa e tibetana, isso que os três discípulos de Jesus puderam ver em seu mestre chama-se "aura". Seus três amigos viram e vivenciaram Jesus em sua aura.

Ao descer da montanha, Jesus perguntou a seus discípulos mais próximos: "Sabeis agora quem sou?" (Mt 17,9; 16,15-17 RV). E Pedro respondeu: "És o filho de Deus". Jesus redarguiu: "Bem-aventurado és tu! Simão, filho de Jonas, pois não foram a carne nem o sangue a te revelarem isso, e sim *Abba* nos céus". Então, ordenou a seus discípulos: "Não conteis a ninguém o que vistes — a menos que eu permaneça em vida".

Desse modo, a questão sobre a autoconcepção de Jesus foi definitivamente respondida por ele próprio: ele não é Deus, mas filho único de Deus. Além disso, não é Pedro, e sim Jesus "a pedra" sobre a qual Deus quer construir sua igreja. E, por fim: não é Pedro quem possui a chave que permite entrar no mundo espiritual, mas apenas Jesus. Assim, também se torna compreensível o que pessoas que passaram por uma experiência de quase morte relatam: "Jesus estava esperando por mim". Depois de um acidente de trânsito e uma experiência de quase morte, a agente de saúde Pamela Krischer-Teichmann contou: "Estou convencida de que, na época, estive com Jesus".

91.
O papado se baseia em uma falsificação

Jesus chegou a se manifestar literalmente contra um papado autoritário:

"*Não vos façais chamar rabi!*
Pois um só é o vosso mestre (Jesus).
E a ninguém chameis de Abba!
Pois um só é o vosso Pai (Deus!)".
(Mt 23,8-9 RV)

Nos Atos dos Apóstolos, o próprio Pedro acabou com o papado ao dizer: "É preciso obedecer mais a Deus do que aos homens". Ou seja, nenhum papa, nenhum bispo, nenhum clérigo tem a permissão para colocar-se acima dos homens. O mestre da doutrina é o próprio Jesus, e o pai da doutrina é Deus, *Abba*. Com que direito papas, bispos e sua comitiva puderam desconsiderar até hoje essas instruções inequívocas de Jesus?

Ele rejeitara títulos e formalidades, mas há quase dois mil anos a Igreja Católica é conduzida por uma "santidade" no Vaticano, por "eminências" e "excelências", por "dignidades", cônegos, monsenhores e conselhos espirituais. Jesus sempre zombou do narcisismo dos fariseus, da ostentação dos antigos vigias da fé, bem como da busca deles pelos "primeiros lugares na sinagoga", desse baile de máscaras das vaidades e do carnaval da hipocrisia. Tal como o fez o papa Francisco após sua eleição. Quando o mestre de cerimônias do Vaticano quis vesti-lo com os trajes luxuosos do antigo Império Romano antes que ele aparecesse na sacada da Catedral de São Pedro, ele recusou essa pretensão com a seguinte observação: "Caro colega, o carnaval acabou". Assim começam as mudanças a partir de cima.

92.
Aos intelectuais falta confiança

"*Se não crestes em mim
quando vos falei
do que há na terra,
como podereis crer em mim
quando vos falar
do que há no céu?*"
(Jo 3,12 RV)

Jesus demonstra autoconfiança ao lidar com seus adversários: "Se não crestes em mim quando vos falei de coisas terrenas, como podereis crer em mim quando vos falar de coisas celestiais?" Uma argumentação perspicaz! Não acreditaram nele porque ele não tinha estudado com nenhum deles.

Desse modo, o rompimento entre Jesus e os escribas era inevitável e talvez tenha ocorrido muito cedo. Para os devotos tradicionais, a autoridade com a qual ele se expressava era uma provocação intolerável — por princípio, sempre se referia diretamente a seu "Abba".

Ele, que não havia estudado, desconsiderava de maneira categórica as preocupações e os temores deles.

93.
Jesus promete a seus amigos o espírito de Deus

"*Rogarei a* Abba
que ele vos envie outro consolador,
que fique convosco para sempre.
O consolador que Abba *enviará*
vos ensinará tudo
e vos lembrará de tudo.
Quando esse consolador chegar,
o espírito que procederá de Abba
dará testemunho de mim.
Será bom para vós que eu parta,
pois, se eu não partir,
o consolador não poderia vir até vós.
Porém, quando esse consolador vier,
ele vos conduzirá à verdade;
e vos anunciará o que está por vir."
(Jo 14,16-26; 15,26; 16,7-13 RV)

Um belo poema didático de Jesus a seus discípulos. O espírito que "virá de *Abba*", a "força inspiradora das alturas" lhes ensinará tudo aquilo de que precisam. Essa promessa vale para os amigos de Jesus de todos os tempos. Ao escrever este livro, também confiei nela.

94.
O homem é um ser espiritual

"*Bem-aventurado aquele que existe!*
Pois aquele que existe
existiu e existirá."
(Fil 57 / To 19 RV)

Com poucas palavras, Jesus queria esclarecer mais uma vez a seus discípulos que o homem é um ser espiritual: ele o foi e o será. Os quatro Evangelhos clássicos ocultaram essa importante lição.

95.
Judas não traiu Jesus: o beijo de amizade

*"Eu! Eu vos digo:
um de vós terá de me entregar."*
(Jo 13,21 RV)

"O que tiveres de fazer, faze-o imediatamente."
(Jo 13,27 RV)

Palavras de Jesus a Judas, o suposto traidor, na véspera de seu sofrimento. Aqui também, nas antigas traduções gregas, aprendemos o contrário do que realmente aconteceu — com consequências terríveis para dois mil anos de política mundial.

Teria mesmo sido Judas um maldito traidor, tal como é visto há dois mil anos? Na Sexta-Feira Santa de 2016, o papa Francisco comparou o "traidor" Judas aos terroristas islâmicos que poucos dias antes mataram 35 pessoas e feriram mais de duzentas com seus covardes atentados suicidas. Que interpretação mais errônea e funesta! E teria mesmo sido Jesus um traído, tal como é retratado há dois mil anos na literatura, nas artes e na religião?

Se utilizarmos a língua materna de Jesus, que também era falada por Judas, para pesquisar o legado deste último, descobriremos que ele simplesmente fez aquilo de que Jesus o havia encarregado. Não o "traiu", e sim o "entregou". Todo o restante é um terrível e funesto erro de interpretação.

Judas era o único dos doze apóstolos proveniente de Jerusalém e conhecia bem essa grande cidade. Os outros onze apóstolos eram da Galileia, do campo. O termo "trair" baseia-se no grego *paradidonai*, que, no entanto, também pode significar "entregar" ou "pôr sob a responsabilidade de, confiar". Nos quatro Evangelhos, *paradidonai* aparece 59 vezes. Conforme constatou Günther Schwarz, é interessante notar que, no contexto de Judas, essa palavra foi traduzida 32 vezes como "trair", porém, quando não referida a ele, foi reproduzida como "entregar" ou "confiar". Com essa tradução "traiçoeira", Judas foi estigmatizado como o mais ignominioso de todos os traidores da história universal.

Na retroversão em aramaico, Jesus diz a Judas: "O que tiveres de fazer, faze-o imediatamente" (Jo 13,27 RV). Portanto, não há dúvida de que Judas agiu por ordem de Jesus, que se dirigira conscientemente a Jerusalém, a fim de percorrer seu caminho rumo à crucificação. Esse era seu "papel". E o "papel" de Judas era ajudá-lo nessa questão. Ambos os "papéis" não podem ser separados um do outro.

Em seu romance *Judas*, Amos Oz, o mais famoso escritor israelense da atualidade, chama a traição de Judas de uma "traição por excesso de amor". A história de Judas é a pré-história do antissemitismo. Segundo Oz: "Há dois mil anos, ela é a Chernobyl do antissemitismo.

Pensem nas imagens renascentistas da Última Ceia. Todos os apóstolos parecem muito arianos, louros e de olhos azuis. Judas está sentado no canto e tem a aparência de um monstro semítico feio, com um nariz horrível. Isso não é uma caricatura nazista no *Stürmer**, mas arte renascentista, quatrocentos anos antes de Goebbels. O Holocausto tem sua origem nisso. Todos somos Judas, traidores de Deus, ávidos por dinheiro, cínicos". Traduções errôneas ou adulteradas também podem provocar desgraças políticas terríveis e cruéis e até ajudar a justificar o genocídio e Auschwitz.

Há dois mil anos, Judas é difamado pelos cristãos, tal como Jesus o foi dois mil anos atrás por teólogos judeus. O "traidor" era o discípulo mais fiel a Jesus. Não foi Judas quem traiu Jesus, e sim Pedro, quando renegou Jesus antes "que o galo cantasse duas vezes" (Mc 14,72). Gerações de cristãos não querem esquecer nem perdoar o fato de que foram os judeus a terem gritado pouco antes da crucificação de Jesus: "Fora com ele! Crucifica-o! Que seu sangue caia sobre nós e sobre nossos filhos" (Jo 19,15 / Mt 27,25). Por isso, todo judeu é visto como um Judas ou traidor potencial.

Amos Oz tem razão ao dizer: "Judas amava Jesus". Não traiu seu mestre, embora seja exatamente essa a versão tão assustadoramente errônea que ainda aparece nos quatro Evangelhos tradicionais. Em seu último romance, *Der Fall Judas* [O Caso Judas], Walter Jens escreve sobre o suposto traidor: "Sem Judas, não teria havido crucificação; sem crucificação, o plano de salvação não se teria cumprido. Sem esse homem, não teria havido igreja. Sem alguém para transmitir esse legado, não teria havido tradição".

---

* Jornal nazista publicado por Julius Streicher de 1923 até o final da Segunda Guerra Mundial, em 1945. [N. da T.]

96.
Transfigurado, e não fisicamente ressuscitado

"Não vos deixarei na ignorância.
Voltarei para vós – um pouco mudado."
(Jo 14,18-19 RV)

Jesus proferiu essas duas frases antes de ser preso no Getsêmani. Ou seja, fez esse discurso místico em uma época em que ainda possuía um corpo material.

Depois de ser retirado da cruz, esse corpo foi levado ao túmulo de José de Arimateia, onde permaneceu até a manhã do Domingo de Páscoa.

Em seguida, esse corpo material se teria transformado em outro imaterial e transfigurado – algo semelhante ao que ocorrera no Monte Tabor na presença de três de seus discípulos –, de modo que poderia parecer "um pouco mudado" a seus seguidores mais próximos: em primeiro lugar, à sua amiga Maria Madalena, que só o reconheceu quando ele se dirigiu a ela chamando-a pelo nome; em seguida, aos discípulos de Emaús, que só o reconheceram quando ele partiu o pão;

por fim, mais uma vez e a portas fechadas, a seus outros discípulos, tal como ele lhes havia prometido: "Não vos deixarei na ignorância". Falou com eles.

97.
Contra falsificações perversas

*"O leite de Deus é usado
perversamente para preparar a cal."*
(Irineu III 17,4 RV)

Jesus era um operário que entendia alguma coisa de materiais de construção, mas também de Deus. Talvez a citação apresentada acima se destine aos marginalizados e demonstre certa ira com o fato de que a fé pode ser empregada em algo ruim.

No ambiente em que vivia Jesus, o leite era um dos alimentos mais importantes, o primeiro e mais nutritivo na alimentação infantil. Simbolizava a verdade, o elixir da vida, o alimento espiritual. Já a cal torna dura como pedra a verdade de Deus. Ai dos falsificadores! Jesus intuía o que fariam com sua doutrina aqueles que julgam conhecê-la melhor do que ninguém.

98.
A confiança anima!

"*Quem confiar em Deus
poderá por ele ser reanimado.
Quem não confiar em Deus
não poderá por ele ser reanimado.*"
(Mc 16,16 RV)

O que vocês acabaram de ler é exatamente o contrário do que as igrejas vêm colocando na boca de Jesus há dois mil anos. Segundo a doutrina oficial da Igreja, Deus é um ser "onipotente" e "trino", que condena os infiéis e os não batizados ao "castigo eterno". No Evangelho de São Marcos (16,16), ou seja, na mesma passagem do Novo Testamento que serviu de base para a retroversão, Jesus teria dito: "Quem crer e for batizado será salvo; mas quem não crer será condenado". Poderia o amável Jesus ter dito algo tão horrível e assustador? Por favor, comparem essas duas importantes passagens. Qual das declarações vocês atribuiriam a Jesus? A que contém "condenado" ou a que contém "não [...] reanimado"?

Já em 2007 o papa Francisco, ainda como cardeal Bergoglio, disse: "Ninguém mantém a fé interpretando tudo ao pé da letra, como fazem os tradicionalistas ou os fundamentalistas". Em muitos de seus frequentes aparecimentos públicos, o papa Francisco também não se apresenta como "papa", e sim como "bispo de Roma". Espero que esse reformador promova no Vaticano a verdadeira reforma da Igreja de Jesus, a saber, a reprodução das palavras e da mensagem primordial do Jesus "aramaico". Somente então, a caminho da fonte, seremos capazes de reencontrar o Jesus primordial e a união das igrejas cristãs, o ecumenismo, e de superar o mal-estar da cisão.

99.
Jesus sobreviveu à crucificação

Ninguém viu Jesus "ressuscitar do reino dos mortos". De nenhum dos quatro Evangelhos da tradução ecumênica da Bíblia na língua alemã a partir do grego resulta claramente que Jesus morreu na cruz. O que se sabe é que ele perdeu a consciência na cruz. No Evangelho de São Mateus (27,50), lemos: "E Jesus, clamando outra vez com grande voz, rendeu o espírito". No Evangelho de São Marcos (15,37), tem-se: "E Jesus, dando um grande brado, expirou". No Evangelho de São Lucas (23,46), a mesma passagem é apresentada do seguinte modo: "Pai, nas tuas mãos entrego o meu espírito. E, dizendo isso, expirou". E no Evangelho de São João (19,30): "E, inclinando a cabeça, entregou o espírito". Curiosamente, todos os capítulos correspondentes receberam dos tradutores o título de "A morte de Jesus", embora em nenhum trecho se fale expressamente a esse respeito. Contudo, há séculos todas as liturgias da Sexta-Feira Santa e todos os sermões de Páscoa sugerem que Jesus morreu na cruz e "ressuscitou" após um dia e meio.

Mas por que então nenhum dos evangelistas escreveu: "Ele morreu" ou "ele estava morto"?

Não sabemos. Porém, sabemos que Jesus não partia do princípio de que seu pai estaria infringindo sua própria ordem de criação e ressuscitando "mortos". O Deus de Jesus não age *contra* sua criação, e sim *nela* (no âmbito dela, no sentido dela). O fato de Deus ressuscitar um cadáver é contrário à sua própria vontade. O fato de Jesus reanimar enfermos e fracos com a força de sua confiança em Deus é conforme Sua vontade. Uma teologia que até hoje acredita em milagres declara Jesus crucificado como morto e transforma seu corpo em um espectro, que se torna visível ou invisível dependendo da necessidade e, por fim, pode flutuar até as nuvens. Na melhor das hipóteses, lá em cima ele morreria de frio ou sufocado.

A religiosidade que adormenta a razão deveria, pelo menos, não se referir a Jesus. Deus nos deu a razão para que a utilizemos. O que resta de importante é a seguinte frase de Jesus, presente no Evangelho de São João (11,25): "Quem crê em mim, ainda que esteja morto, viverá". O essencial é que toda a esperança de Jesus reside na convicção de que a morte física é a porta de entrada para a vida eterna, em uma esfera sem sofrimento, para a paz eterna e o "paraíso".

Na manhã da Páscoa, Maria Madalena dirigiu-se logo cedo, com outras duas mulheres, ao túmulo de Jesus. Segundo São Marcos, "quando o sol tinha acabado de nascer". Ela encontrou seu amigo "transfigurado" e quis detê-lo. No Evangelho grego de São João (20,17), Jesus lhe diz: "Não me detenhas, porque ainda não subi para meu Pai". Contudo, a retroversão para o aramaico e depois para o alemão demonstra exatamente o contrário: "Toca-me, pois não morri". A esse respeito, diz Günther Schwarz: "Embora seja chocante, a declaração de Jesus não permite outra tradução". O próprio Jesus diz que não morreu.

Vale relembrar aqui as palavras de Santo Agostinho, doutor da Igreja: "Um milagre não acontece contra a natureza, mas contra nosso conhecimento da natureza". A Páscoa significa, sobretudo, que a história de Jesus continua.

Em Jerusalém, percorro o caminho feito por essa Maria na manhã de Páscoa da época. Pássaros gorjeiam na copa das árvores. Por toda parte florescem gerânios na balaustrada das sacadas. A primavera se mostra bastante colorida: um mar de tons em azul, violeta, vermelho, amarelo, branco e verde. Como na Páscoa há cerca de 66 gerações, o sol brilha sobre o cume dos montes de Jerusalém. As ruas são orladas com olivais, figueiras e romãzeiras. Montanhas, vento, água, luz da manhã. Uma cidade repleta de vida que desperta. A cidade da Última Ceia. A cidade em que os sumos sacerdotes decidiram crucificar Jesus.

Fico imaginando o que Maria Madalena, essa amiga de Jesus que era segura de si, deve ter sentido nesse local. Havia depositado toda a sua esperança, sua mais profunda confiança e seu amor incondicional no seu amigo de Nazaré. No entanto, por política e religião, as autoridades da época destruíram tudo isso de maneira brutal. Ficou mortalmente desolada. Mas então se deparou com o túmulo vazio e depois encontrou o jovem Jesus, que lhe disse apenas uma palavra de amor: "Miriam!" Jesus chama sua confidente pelo nome aramaico e a reanima, tirando-a da tristeza: "Não morri". Ele havia superado a morte.

Jesus confiou a uma mulher a crença fundamental e central dos cristãos na vida. O ser humano *mais singular* de todos os tempos resolveu o engano mais funesto de todos os tempos: o de que com a "morte" terrena deixamos de existir. Ao contrário. E Maria Madalena confirmou: "Ele está vivo".

100.
A comovente oração de despedida de Jesus

"Pai!
Fiz conhecer Tua presença
àqueles que me confiaste.
Tu os confiaste a mim,
e eles conservaram Tua palavra.
Tudo o que me entregaste vem de Ti.
As palavras que me confiaste,
transmiti-as a eles.
Eles as receberam e reconheceram
que vim de Ti.
Acreditaram e reconheceram verdadeiramente
que me enviaste.
Abba! Salvador!
Com Tua presença, protege aqueles
que me confiaste.
Enquanto estive com eles,
eu os protegi.

Agora vou para Ti,
e digo isso
para que tenham a plenitude
da minha alegria.
Não rogo
que os tires do mundo,
mas que os protejas
de Satanás.
Abba! És justo!
Assim como me enviaste,
também os envio.
Santifico-me por eles,
Para que sejam santificados.
Rogo não apenas por eles,
mas também por aqueles
que confiarão graças às suas palavras.
Fiz com que conhecessem Tua presença,
e a tornarei conhecida,
para que o amor com que me amaste
esteja neles."
(Jo 17,1-26, resumido, RV)

Essa comovente oração de despedida de Jesus é mais uma obra-prima da poesia aramaica. Só por ela já conseguimos compreender melhor o Jesus "aramaico" do que aquele da versão grega, transmitida pelos Evangelhos.

Conclusão

Os leitores do meu livro *Was Jesus wirklich gesagt hat* [O Que Jesus Realmente Disse] me perguntaram para onde foi Jesus após ter "ressuscitado". A resposta foi dada por ele nessa oração de despedida. Foi para o mesmo lugar aonde um dia todos nós iremos: para seu e nosso Pai, segundo suas próprias palavras ao se despedir de seus amigos. O que permanece? A harmonia em nós e a paz ao nosso redor podem amadurecer no espírito de Jesus se crescermos espiritualmente e trabalharmos na concretização do seguinte valor: confiança em Deus e na vida. Isso conduz ao amor, à paz, à justiça, à verdade e à não violência. Como ninguém mais, o verdadeiro Jesus nos mostra o caminho rumo a esse destino.

Certamente, temos de percorrer esse caminho por nós mesmos. Não existe salvação fora de nós. Jesus nos convocou para algo grandioso. À sua imagem empática de Deus corresponde uma imagem empática do ser humano. Na pessoa de Jesus, a velha imagem do homem e de Deus, marcada pelo patriarcalismo, porém ultrapassada, é demolida e refutada de maneira impressionante.

O "primeiro novo homem" nos revela um Deus empático, que nos convoca para sermos seres humanos empáticos. Cada um de nós é representante de Deus na terra. Como diz Hanna Wolff, temos de fazer Seu trabalho em Seu lugar. Na época de Jesus isso era uma completa novidade. Sua mensagem tem validade universal: em todos os lugares, para todas as pessoas e em todas as épocas. O povo ficou "fora de si". O homem era perigoso e tinha de ser eliminado. E justamente por isso nunca poderemos nos esquecer dele nem de sua mensagem.

Certo dia, missionários cristãos se dirigiram a Mahatma Gandhi e lhe perguntaram: "O que temos de fazer para que os indianos aceitem o cristianismo?" E Gandhi respondeu com outra pergunta: "Vocês conhecem o segredo da rosa? Ela exala perfume – por isso, é a preferida dentre todas as flores. Meus senhores, exalem perfume! Exalem o perfume de Jesus!" Rosas artificiais não têm cheiro. O perfume eficaz de Jesus tem de ser autêntico, e não falsificado ou artificial. E o perfume autêntico está apenas no Jesus primordial, o "aramaico", o real. Provavelmente, o Jesus "aramaico" também é uma questão de existência e sobrevivência para as igrejas cristãs.

Em 2017, ano em que se comemoraram os 500 anos da Reforma protestante, as igrejas convocaram um concílio ecumênico para que os teólogos das grandes confissões trabalhassem juntos com o objetivo de restaurar o empático Jesus "aramaico". Na ocasião, Günther Schwarz fez um excelente trabalho preparatório, porém, como ele próprio enfatizou várias vezes, não foi infalível.

A oração mais breve e talvez mais importante da humanidade consiste em uma única palavra: obrigado. Com ela, eu gostaria de me despedir: "obrigado" a Deus, "obrigado" a Jesus, "obrigado" a Thomas Schmitz, meu editor e inspirador deste livro, e "obrigado" a meus leitores.

Bibliografia

Alt, Franz. *Was Jesus wirklich gesagt hat*. Gütersloh, Gütersloher Verlagshaus, 2015.

——. *Der ökologische Jesus: Vertrauen in die Schöpfung*. Munique, Riemann, 1999.

——. *Jesus: Der erste neue Mann*. Munique, Piper, 1989.

——. *Flüchtling: Jesus, der Dalai Lama und andere Vertriebene – Wie Heimatlose unser Land bereichern*. Gütersloh, Gütersloher Verlagshaus, 2016.

Blüm, Norbert. *Aufschrei: Wider die erbarmungslose Geldgesellschaft*. Frankfurt am Main, Westend, 2016.

Dalai Lama e Franz Alt. *Ethik ist wichtiger als Religion: Der Appell des Dalai Lama an die Welt*. Salzburgo, Benevento, 2015.

Drewermann, Eugen. *Die Apostelgeschichte: Wege zur Menschlichkeit*. Ostfildern, Patmos, 2014.

Papa Francisco. *Laudato Si: Die Umwelt-Enzyklika des Papstes*. Friburgo, Herder, 2015.

——. *Der Name Gottes ist Barmherzigkeit*. Munique, Kösel, 2016. Schuster, Peter. *Verbrecher, Opfer, Heilige: Eine Geschichte des Tötens*. Stuttgart, Klett-Cotta, 2016.

Wolff, Hanna. *Neuer Wein – alte Schläuche: Das Identitätsproblem des Christentums im Lichte der Tiefenpsychologie.* Stuttgart, Radius, 1981.

Livros de Günther Schwarz:
Das Jesus-Evangelium. Munique, Ukkam, 1993.
Die Bergpredigt – eine Fälschung? Munique, Ukkam, 1991.
Wenn die Worte nicht stimmen. Munique, Ukkam, 1990.
Hat Jesus überlebt? Manuscrito, 1999.
Jesus lehrte anders. Manuscrito, 2000.
Worte des Rabbi Jeschu: Eine Wiederherstellung. Manuscrito, 2003.
Glaubwürdiges Credo? Manuscrito, 2005.
Das Papstamt! Eine ungeheure Anmaßung? Manuscrito, 2006.
Das Papstamt. Eine intelligente Fälschung. Manuscrito, 2007.
Ich bin nicht gestorben. Manuscrito, 2009.
Schauungen der Therese Neumann aus Konnersreuth. Manuscrito, 2009.

Abreviaturas

Lv	Levítico
Mt:	Evangelho de São Mateus
Mc:	Evangelho de São Marcos
Lc:	Evangelho de São Lucas
Jo:	Evangelho de São João
At:	Atos dos Apóstolos
1 Co:	Primeira Epístola de São Paulo aos Coríntios
Ef:	Epístola de São Paulo aos Efésios
Cl:	Epístola de São Paulo aos Colossenses
Fil:	Evangelho de Filipe (não incorporado ao cânone)
To:	Evangelho de Tomé (não incorporado ao cânone)
JuAp	Justino Mártir - Apologia
RV:	retroversão a partir do aramaico